李镇西

教育的追问
Jiaoyu de Zhuiwen

著

大夏书系 | 教育新思考

华东师范大学出版社
·上海·

图书在版编目（CIP）数据

教育的追问 / 李镇西著.
—上海：华东师范大学出版社，2023
ISBN 978-7-5760-4315-0

I.①教… II.①李… III.①教育研究 IV.① G40-03

中国国家版本馆 CIP 数据核字（2023）第 220737 号

大夏书系 | 教育新思考

教育的追问

著　　者	李镇西
策划编辑	李永梅
责任编辑	张思扬
责任校对	杨　坤
装帧设计	奇文云海·设计顾问
出版发行	华东师范大学出版社
社　　址	上海市中山北路 3663 号　邮编 200062
网　　址	www.ecnupress.com.cn
电　　话	021-60821666　行政传真 021-62572105
客服电话	021-62865537
邮购电话	021-62869887
地　　址	上海市中山北路 3663 号华东师范大学校内先锋路口
网　　店	http://hdsdcbs.tmall.com/
印 刷 者	北京汇林印务有限公司
开　　本	890×1240　32 开
印　　张	10
字　　数	215 千字
版　　次	2024 年 2 月第一版
印　　次	2024 年 2 月第一次
印　　数	6 100
书　　号	ISBN 978-7-5760-4315-0
定　　价	62.00 元

出 版 人　王　焰

（如发现本版图书有印订质量问题，请寄回本社市场部调换或电话 021-62865537 联系）

目录

家教

为什么一定要让孩子"出类拔萃"呢？/ 3
关于寒假里的孩子，给家长三个小建议 / 13
父母应该给孩子选择怎样的学校？/ 16
好父母的 15 条标准，您做到几条？/ 21
家长，如果你管不了孩子，自有法律等着他！/ 28
为什么写诬告举报信的家长总是赢家？/ 31
对孩子，究竟应该"顺其自然"还是"严厉管教"？/ 34

记忆

今夜，我和 20 年前的学生共忆教育芳华 / 39
你们就是星辰大海 / 44
青春回首三十年 / 54
别让将来退休后的记忆里只有"辉煌的分数" / 75
桃李满天上 / 82
"同学情是没有血缘的亲情" / 97
有多少青春可以重来？/ 104
七百多个日子的点点滴滴 / 111

影视

别跟我说"专业"，我要的是良心、思想和情感 / 121

公平而优质的基础教育，是一个国家腾飞的"起跑线" / 125

"银河补习班"都开设了哪些课程？ / 131

假如儿子没有成为宇航员，马皓文的教育就失败了吗？ / 142

电影《我和我的祖国》里有我年轻时的故事 / 150

电影《中国机长》中有我学生的故事 / 153

为什么"有的孩子是孩子，有的孩子就是个禽兽"？ / 163

体育和政治应该分开吗？ / 168

没有家，哪有国？ / 173

"哀而不伤，怨而不怒" / 178

白崇礼老师让我想到了父亲 / 182

追问

"宝宝不高兴，问题很严重"，到底有多严重？ / 189

教育究竟是不是服务业？ / 193

究竟能不能用"差生"这个词？ / 201

"减负"从名校开始，可以吗？ / 204

幼儿园有"毕业"一说吗？ / 208

都"九年一贯制"了，可为什么还要"小升初"？ / 212

《中小学教育惩戒规则（试行）》为什么会令某些教师失望？ / 215

不能叫学生"孩子"吗？ / 220

较真

教育的常识很朴素 / 239

"学者"是校长的固有属性 / 244

老师在微信朋友圈里晒旅游照片无可厚非 / 249

师范院校应以"师范"为荣 / 253

把教师比作"园丁""蜡烛""春蚕"没有错 / 256

不做"雄辩症"患者 / 259

感动

今秋对我如此厚爱 / 265

"亦师亦生亦友,感动感恩感佩" / 274

教育最浪漫的事,就是看着你慢慢长大…… / 278

早晨的奇遇和一天的感动 / 296

一封信,多年后居然开成了一朵花儿 / 301

我也曾经抄过别人的书 / 308

家教

为什么一定要让孩子"出类拔萃"呢?

——和一位焦虑母亲的谈话

一

多年前的一个学生来找我,说自己读小学四年级的女儿成绩很好,但她最近送女儿去读"国学班"时,和一些家长聊后才知道,成都还有许多名校的孩子,那才是牛!"真是山外有山,天外有天啊!"于是,她开始焦虑,觉得自己的女儿其实不过是"矮子里面充高个",这样下去,到了中学会落后的。于是她决定把孩子转到"更好的学校"去,然后,她开始为如何才能"转到更好的学校"而焦虑,而奔波——关键是还不知如何"奔波"。于是她来找我求助。

二

听了她的倾诉,我对她说了我的想法——

现在成都的私立学校,无论中学还是小学,都很难进,必须考试,而且录取比率极低,因为人家要在市场上立足,必须考虑

"优中选优"的生源。找校长说情，几乎行不通，有的私立学校校长无权自主招收学生，权力在董事会。公办学校，招生政策以外的学生一般进不去，找校长也没用，因为和私立学校一样，现在公办学校的校长也没有招生权，特殊情况的孩子都得通过教育局办公会集体讨论。何况，现在义务教育阶段没有"转学"一说，学位都是固定的，人家都满了，你转去，谁转走？所以，别想着让孩子转学了。

我说"别想着让孩子转学"，并不是因为"转不了"或我帮不上忙。我想说的是，就算政策允许转学，或者我能够帮忙，我也不主张让孩子转学。你说的名校离你家那么远，孩子还得住校，还有两年就小学毕业了，何必要去这么折腾一番呢？

孩子现在不是挺好的吗？各科成绩在班上都名列前茅，常常第一名，还学得那么轻松，品行也很好，活泼可爱。在我看来，这是多好的孩子啊！完全没有转学的必要。你之所以动了转学的念头，就是因为听别人说名校的学生"才是真正的牛娃"，于是，你紧张，你恐慌，觉得"山外有山，天外有天"，开始焦灼不安，想方设法要让孩子"向更优秀的人看齐"，于是便有了转学的念头。

三

但你想过没有，孩子到了名校就真的幸福吗？

据我所知，一般而言——不是绝对的，无论私立还是公办，越是名校，竞争越激烈，作业越多，负担越重，压力越大……你说你去某名校打听过，该校有关负责人说，他们学校的作业不多，学生很轻松。你千万不要轻易相信！作业多不多最好问问该校的学生和家长，还可以问问学生的睡眠时间有多少。

我以前就说过，所谓"重点学校"，就是负担重点，压力重点……你的女儿现在这么开心，这么轻松，你为什么要让她在小学的最后两年提前结束快乐，而进入"残酷的竞争"呢？孩子才10岁呀！

我知道，现在的教育大环境——不，应该是"社会大环境"很严酷，很现实，孩子很可怜，小学一年级就知道考试不好很丢人，就开始感受周围的紧张氛围，不但要完成学校过重的课业负担，放学后包括周末还要上这个班那个班，本来该无忧无虑玩的年龄，却承载了太多的压力，小小年纪就失去了童年。

在这种情况下，做父母的，一定不要再变本加厉地给孩子施压，而应该用自己结实的肩膀，为孩子多少扛住一些压力。在"应试教育"的环境下，尽可能给孩子多一些光亮和温暖，多一些快乐，这才是真正爱孩子的父母！

上什么"国学班"啊？传统文化当然重要，但让孩子在家自己读读背背就行了，干吗把她的课余时间安排得那么满？还有这个班那个班，通通别去了！

四

你会说："我也想这样啊，可不敢啊！毕竟孩子不是生活在真空中，还得面对现实。现在什么都要考，考不过别人谈什么快乐呢？"

我明白，你的担心，其实是怕孩子以后竞争不过别人，所以一定要让孩子出类拔萃。而在许多家长看来,让孩子读小学名校,然后读初中名校,接着考上高中名校(最好是再进入"基地班""火箭班"之类的"实验班"),最后考上大学名校,比如清华、北大……这就是为孩子铺就的"通往幸福的道路"。

即使现在孩子苦一点,睡眠少一点,体质弱一点,都没有关系,这是为将来的幸福付出的必要代价,"因为大家都是这样的呀!"

我只想问你——也想问天下和你有如此同样想法的家长一句——

为什么一定要让孩子"出类拔萃"呢?

五

注意,在当代中国教育现实的语境下,"出类拔萃"的含义并非原本意义上的"在品德才能方面超出同类",而仅仅是在学习成绩上超出同类,即所谓的"学霸"。

很多家长的"逻辑"是这样的:因为"出类拔萃",才能考上一所名牌大学;因为"出类拔萃",考上名牌大学后才能继续遥遥领先,鹤立鸡群,然后保研甚至硕博连读;因为"出类拔萃",才能以名牌大学高材生的"资本"找到一份好工作,而所谓"好工作",无非就是两点,一是有发展空间,二是待遇丰厚;因为"出类拔萃",在工作岗位上不断被提拔,这个"长"那个"长",或这个"总"那个"总",统率千军,被人仰慕,同时还获得了丰厚的物质报酬,生活优渥……多年的苦读,以失去童年情趣、少年快乐、健康体质甚至完整人格为代价换来的"幸福"终于如期而至，所谓"天道酬勤"！

并不是所有孩子都能走上这"幸福巅峰"的，事实上，同样付出青春代价的大多数孩子中途就被无情淘汰了，最后能够登上金字塔尖的寥寥无几——从这个意义上看，这和过去的考功名有什么两样？

可是，就算孩子走到了那一步，他就"幸福"吗？当然，我相信许多"成功人士"会由衷地认为自己幸福——而且许多名校毕业身居高位的人杰也的确幸福。那我再问一句：现在做一个普通的孩子，将来一辈子都做一个普通的人，难道就不幸福吗？

一个不争的事实是，在目前各领域公认的成功者中，相当多的并非出身名校。以教育界为例，目前许多名师当年并非毕业于北京师大、华东师大等211大学，相反，魏书生、程红兵、吴正宪、华应龙、王崧舟……都不是名校毕业，他们当中有的还只是中师毕业。可见事业成功与否、人生幸福与否与读不读名校真的没有太大的关系——注意，我说的是"没有太大的关系"，而没有说"绝对一点关系都没有"，但关系真的不大，至少不是我们想象的那么大。

而且，从小学名校到中学名校，再到大学名校，乃至世界名校，这20年的求学，比起将来几十年的人生历程，毕竟只是一小部分，这20年并不能绝对决定将来的几十年。我没有否认青少年求学经历的无比重要性，但无论多么重要，如果它是以付出或者丧失人性的代价所获得的"优秀"，这种求学过程本身就为将来的人生残缺或不幸埋下了隐患。

六

你说女儿经常对你说："妈妈，你为什么要我优秀呢？我觉得我很快乐，普通一些没有什么不好呀！"而你总是认为这是女儿"没有上进心"的表现，于是总想用这个道理那个事例去"励志"。

其实，你女儿说得非常对，做个普通的幸福人没有什么不好呀！所谓"上进心"，应该是基于自己志趣的主动爱好和钻研。孩子一旦发现了自己的志趣，那种"上进心"是不用大人培养的。而在孩子的童年阶段，比如你女儿目前的10岁阶段，人生的主题不是我们大人认为的那种"上进"，而是根据自己的兴趣去学习，去探索，去尝试，去创造，去奇思妙想，去"为所欲为"！——注意，我是打了引号的。

对于孩子来说，比"上进心"更重要的是"自信心"。你女儿成绩这么优秀，你还要不断提醒她"不要骄傲，不要自满，要知道'山外有山，天外有天'"，这不是一次次挫伤甚至摧毁女儿的自信心吗？当然，你这种想法具有相当的普遍性，许多家长都习惯于让自己的孩子"不要骄傲"，动辄在饭桌上跟孩子说："你看看楼上张阿姨家的哥哥，这次又获得了全国数学竞赛金牌，而且还是第一名，你向人家学习学习！""隔壁陈叔叔家的姐姐，已经获得保送北大的资格了！"你以为你是在"励志"，其实是让孩子自信心越来越弱，让孩子越来越自卑，觉得自己总是不行。这种自信心的失落和自卑感的增加，比某次考试得了零分更可怕！

你的焦虑都是攀比出来的。你最初应该也满意自己的孩子成绩优秀。可和"国学班"（顺便再说一遍，读什么"国学班"呀，有读"国学班"的时间，不如让孩子多玩玩，或早点睡觉！）孩子的家长一聊，就发现自己的孩子"不优秀"了。

你看见别的家长在为孩子读"更好的学校"忙碌，你也坐不住了。于是，其他家长的忧虑、担心、焦灼，传染给了你，你也忧虑、担心、焦灼起来。然后你可能又会不知不觉地把这份忧虑、担心、焦灼传染给其他家长。整个"家长社会"便弥漫着这种不知从何而来的令人窒息的气氛，这种看不见的气氛最后统统转化成对孩子的压力！

七

去年我在一篇文章里写过一段话，对这段话我很满意，这里自己"剽窃"一下自己——

当孩子刚刚出生，面对孩子没睁开的眼睛和嫩嫩的小脸蛋，年轻的爸爸妈妈一定在心里发誓：孩子，我一定要让你一生健康和幸福——注意，"健康"在"幸福"的前面，因为没有"健康"就谈不上"幸福"！可是从什么时候开始，我们忘记了自己的初心，而成了应试教育的"助纣为虐者"？

孩子成绩优，身体棒，当然最好不过，但有时候不可兼得，非要你二选一，你选什么？难道你放弃孩子的健康，而选择分数？不要老把自己的孩子想象成天才，不要老把孩子同"高考状元"比，要承认人与人之间是有差距的。承认自己的孩子在某些方面不如别人，有什么不可以呢？因为你的孩子在某些方面不如别人的同时，在另一些方面又远远超出别人呢！只不过不一定是在分数上。就以考大学来讲，考上名校与读普通大学的人生差距并不如你想象的那么悬殊。所谓"起跑线"上的成绩并不像我们想象的那么至关重要。

家长的心态从容一些，孩子的负担就减轻一些。否则，孩子不顾一切考了个第一名，可身体搞差了，这个"第一名"拿来何用？

八

真的，孩子做一个普通的幸福者（也可以说"幸福的普通人"）没什么不好。官当大了风险更大，钱挣多了欲望更多……哪里如普通人幸福呢？

今年3月我应邀在哥伦比亚大学演讲，在我之前上台演讲的是美国一位小学教师，她是2015年"美国年度教师"获得者，她有几句话非常打动我："对我来说，教育本身就是幸福的，我当然需要物质生活条件，但年收入超过七万五以上的钱，对我来说就是没有意义的！七万五足够了。"

我当时对"年收入七万五"没有概念，问美国的朋友，得到的答复是，美国的工薪阶层年收入七万五就是中等收入了。这位老师的意思是，我必须得有说得过去的生活条件，七万五的收入能够保证这一点，但超过七万五的更多收入我就不再追求了，因为钱是挣不完的，而生活还有更有价值的追求。

我也是这样想的，对我来说，住普通小区的房子很好了，何必一定要住别墅呢？开普通的小车很好了，何必一定要开宝马呢？

九

我这样说，并非"站着说话不腰疼"，也不是纯理论上的"纸上谈兵"，我就是这样教育我女儿的。

当年我女儿小学可以读名校，但我让她就近读普通小学，就是想让她多睡会儿；中考她考得非常棒，考上一所名校，这所名校当然也非常好，可按她的分数当时还有比这更牛的学校也可以并愿意招收她，但我还是觉得就近入学好，而没有让她去那所更牛的名校。

她现在也是一名普通的教育者，喜欢教书，学生很喜欢她，但这一切和评职称评先进一点关系都没有。她也不为这些而工作。我是特级教师，为什么女儿就一定要是特级教师呢？做一个普通的幸福人，没有什么不好。

当年我教你的时候，你的学习成绩也非常好，但后来上大学也没读名校，现在你不也挺好的吗？为什么一定要让孩子"出类拔萃"呢？我记得以前送过你一本我教育女儿的书，你不妨找来重新读读，一定会有启发的。

十

临走时，她说："谢谢李老师！是我过度焦虑了。您这样一说，我一下子豁然开朗，轻松多了。"

在回家的路上,她又给我发来一条短信:"感谢李老师点拨!我走路回家,一路思考您的建议,决心放平心态,做个快乐的家长!"

我给她回复:"哈哈!看到你心态转化了,我很有成就感。谢谢你给我成就感。我会一直注视你女儿的成长。"

可是,我又想,现在还有多少家长在焦虑中自己折磨自己啊,同时也好心地或者不知不觉地"折磨"着自己的孩子!

2019 年 5 月 6 日

关于寒假里的孩子，给家长三个小建议

放寒假了，平时白天在学校的孩子，现在和爸爸妈妈待在一起的时间更多一些，还会被带着参加亲朋好友的聚会。每每这时，会出现一些让家长拿不准该怎么处理的小问题，虽然是小问题，可处理不好也会给孩子造成心理伤害或阴影。

1. 该不该当众问孩子的期末考试成绩？

到朋友家里去，有的人往往会习惯性问孩子："这次考试成绩怎么样啊？""一定考得不错吧？"

成人这样问孩子是没有恶意的，无非就是关心嘛！但这可能会让孩子难堪。如果考得不好，分数不满意，你让孩子怎么回答？而在人们的传统观念里，所谓"考得好"的标准，小学生就是得100分，中学生考试成绩要名列前茅，这对绝大多数孩子来说，都难以达到。因此一般而言，孩子们都很难说"考得好"。而你当众问他"成绩怎样"，你让他如何启齿？

所以，亲朋好友聚会，最忌讳的事情之一，就是问孩子"成绩怎样"。

2. 该不该鼓励孩子当众表演节目？

这种场面也不少见，几家人聚在一块儿，父母可能会对孩子说："给大家表演一个节目吧。""唱个歌吧。""跳个舞吧。""弹支曲子吧。"

家长之所以给孩子提这个建议，可能是为了活跃气氛，也可能是为了培养孩子落落大方的性格，还可能是为了在众人面前满足一下自己的虚荣心。这些动机都无可厚非，但前提是尊重孩子。

有的孩子外向大方，有的孩子内敛文静，即使孩子平时大方，但那会儿也可能心情不好……这些都是家长应该细心考虑到的。

不是说绝对不能让孩子表演节目，而是说不能搞突然袭击，一定要事先和孩子商量，征求孩子的意见。当然，如果能在客人到来之前就和孩子商量商量，那是最好的。

最糟糕的局面是，孩子不愿表演，家长还不高兴："这孩子，真不懂事！"

3. 孩子的压岁钱是让孩子自己保管，还是由家长代管？

亲戚朋友给孩子的压岁钱该谁保管，这得看孩子的具体情况。如果孩子还小，比如小学生，他们不足以理智地支配钱财，那当然还是由父母代管为好；如果孩子已经不小了，比如中学生，我建议还是由孩子自己管理为好。

不管是由孩子自己管，还是由父母代管，做家长的都要对孩子进行指导，这本身也是很好的"理财教育"。父母代管时，账目要透明，也就是说，让孩子感到是他在自行支配这笔钱，而不是变成了家里的"公款"；对于中学生的压岁钱使用，家长不必管得过细，"宏观指导"就行了。

以上三个问题，都是"小事"，但对这些小事的处理，都应该体现出对孩子的尊重。

所谓"尊重"，就是把孩子当作有自己独立精神世界的人。这是家庭教育乃至所有教育铁的原则。

2021 年 2 月 2 日

父母应该给孩子选择怎样的学校？

严格说起来，本文的题目是有问题的。现在各级行政部门正在遏制"择校风"，我却在这里给大家"支招"，大谈"应该选择什么样的学校"，这岂不是和上级"对着干"？

话是这么说，但从客观上看，各地的"择校热"依然没有降温，就算国家采取各种强有力的政策，不少家长依然可以"合法择校"，比如，选择私立学校或提前把孩子的户口迁到自己心仪的学校附近。所以，我下面所说的，对家长并非没有一点参考价值。

如果真有"择校"的可能，作为家长，应该为孩子选择怎样的学校呢？可能不少家长会说："当然是当地最好的名校了！"这种"名校崇拜"是相当多家长的共同心理。但名校不一定适合你的孩子。

我先讲一个真实的事。2016年，我去成都一所基本上没有知名度的私立学校考察，正碰上一位学生的母亲来学校办事，我便和她聊了起来。她的儿子中考毕业后考上了成都最有名或者说最牛的中学（不是之一），所有亲朋好友都很羡慕，都表示祝贺；

可高一上学期读完，孩子便要求转学，说这个学校不适合自己，要求转到这个连不少成都人都不知道的学校。父母尊重孩子，便从那所名校转到了现在的学校。仅仅读了半年，孩子便说："这是我读书以来最愉快的一学期！"因为这所学校有这个孩子最需要的东西：自由。

不能说那所最牛中学不好，但它不适合这个孩子。所以我想以这个孩子的选择为例，向家长们提第一个建议——要选择适合自己孩子的学校。

所谓"适合"，就是符合并满足你孩子特点和兴趣的学校。尽管义务教育阶段，各学校从办学理念、培养目标、课程设置、评价考核等方面都统一于国家的教育方针，但在教育改革与创新的背景下，各学校之间依然有着一些不同。比如，有的以人文熏陶为特色，有的以科技创新为强项，有的以校本课程为优势，有的以社会实践为亮点……作为家长，在为孩子选择学校时，应该把这些因素和自己孩子的个性放在一起考量。这是择校首要的条件。

当然，择校还有一个标准是绝不可放过或轻视的，那就是有爱心——应该给孩子选择一所有爱心的学校。从理论上说，所有学校对老师的要求都是要有爱心，或者说，没有爱心的学校还叫"学校"吗？但我这里所说的"有爱心的学校"不是抽象的，而是体现在许多细节上，比如：是不是可以经常见到校长，并直接给校长反映意见；老师是不是经常和孩子一起玩儿；遇到恶劣天气是不是允许学生迟到；是不是不会以"为了学校"的名义侵害学生的权利和尊严；学校在各个方面是不是真正做到尊重每一个孩子；家长走进学校，是不是所见到的每一位老师都会对你点头微笑；老师是不是从不因孩子的错误而训斥家长？……教育，从某种意义上来说，就是培养爱，并传递爱。没有自然而然发自内心的爱的流露，就没有真正的教育。

还要选择特别注重孩子身体发育健康的学校。在孩子成长的所有指标中，身体健康无疑是第一重要的——没有了健康，要成绩何用？所以家长在选择某一所学校前，要先了解一下：这所学校的学生戴眼镜的多不多，这所学校的运动场大不大，学校供孩子使用的体育运动设施如何，每天让孩子在户外的时间有多少，直接用于锻炼的时间是否不少于一小时，有没有各种体育俱乐部（或者叫运动队——足球、篮球、排球、乒乓球、拳击、跆拳道等），学校是否经常有校际之间、年级之间、班级之间的各种赛事，学校运动场周末和节假日是否向学生开放等。你要考虑，你把孩子交给这所学校，几年后毕业的孩子是更加健康了，还是变得羸弱了。

要选择孩子有自由选择空间的学校。这话可能比较拗口，我的意思是，在一所学校里，孩子应该拥有各种选择的自由。现在中国的学校，大多管得太死，甚至有的学校采用准军事化管理。学生在这样的学校里，无论在哪个方面，都没有半点选择的自由，一切只有服从：课程、作业、吃饭、就寝，连晨练跑步都必须在规定的队列里步调一致！可能有的家长觉得这样挺好的，"严格要求"嘛；可以让孩子学会规范，学会纪律，懂得守规矩嘛。可是，在这样的学校里，孩子的个性被扼杀，创造力会受到极大挫伤。相反，在同样培养孩子讲文明（包含了遵守规则）的前提下，给孩子以自由空间的学校是理想的学校：校服款式的多样化、选修课程的丰富性、作业难度和数量的弹性要求、体育课锻炼项目的自主选择……拥有自由，学会选择，正是孩子未来作为公民的必备素质。

择校时，还有一点也很重要，就是能够在半个小时之内步行到达学校。这是一个很重要的选择指标，却被许多家长忽略了。有的家长为了选"名校"，不惜让孩子每天花一个小时以上的时间挤公交车，或开车送孩子上学。每天早晨为了让孩子不耽误上学，不得不把根本没睡足的孩子叫醒，天天如此，这是对生命的摧残。而如果把耗费在上学路上的时间用在孩子睡觉上，每天让孩子多睡一个小时，是多么的有价值！因此，我建议家长们在选择学校时，应该考虑从家里到学校的距离，最好是半个小时以内的步行距离。即使从安全上考虑，半个小时的步行一般来说也是没有问题的，这不仅能锻炼孩子的身体与毅力，同时还省下了家长接送的时间。因此，"节省三十分钟，多睡一个小时"，应该成为家长们的择校硬指标。

还有一个标准不一定是最主要的，却也很重要，就是学校要有茂密的树林，甚至参天大树。我一直认为，没有大树的学校是不完整的学校。校园里一棵棵大树，应该是学校的标配。上了年纪的人，回忆母校时往往想起的是母校的那一棵枝繁叶茂的大树，以及大树下的许多故事。是的，有树就会有故事。大树下，师生之间的谈心、同学之间的嬉戏，会给将来的岁月留下许多温馨的记忆。何况，在春天，古树新枝把一片片嫩绿的新叶展示在教室窗外，还随风微微摇曳……在这样的环境中，孩子将会怎样生机勃勃，且诗情满怀？

　　选择学校的标准，当然还不止这些，比如注重全面发展、教学质量高、教师队伍稳定、校园周边的人文氛围浓郁、治安环境良好等，但我个人认为最重要的还是上面几条。现在的家长，一说给孩子选学校，几乎是本能地想到"本地最好的学校是哪一所"，而在目前的评价制度下，所谓"最好的学校"，往往是因为生源好而升学率高的"名校"，不少（不是所有）这样的学校可能没有教育，只有教学，而教学又是以"刷题"为主要手段，以升学为唯一目标。进了这样的"考试监狱"，你的孩子说不定会中途崩溃，或者最终夺得高考（或中考）状元，但除了刷题百无一用，除了分数一无所有——包括健康的身体。

　　这样的学校，你真的愿意或忍心让孩子去吗？

2018 年 4 月 20 日傍晚

好父母的 15 条标准，
您做到几条？

没有父母会否认自己对孩子的爱。但对教育来说，仅仅有爱是远远不够的，还必须有智慧。或者说，只有充满智慧的爱，才是真正的爱。这里的"智慧"，首先包括做好父母的智慧。

当校长时，我常对老师们说："最好的教育莫过于感染，最好的管理莫过于示范。"这话同样适用于父母。当我们成为好父母之后，儿女自然会优秀起来。

那么，怎样的父母才算是好父母呢？或者说，好父母都有些什么标准呢？

我想了想，试着提出以下标准——

1. 要求孩子做到的，自己首先做到

你叫孩子别睡懒觉，你睡懒觉吗？你让孩子健身，你健身吗？你让孩子别说脏话，你说脏话吗？你教育孩子对人要有礼貌，你对人有礼貌吗？你让孩子别沉迷游戏，你沉迷游戏吗？……如果这些问题的答案都是否定的，那么你肯定不是一个好家长。孩子的品格和习惯都源于父母。最好的家庭教育，不是

说给孩子听，而是做给孩子看。

2. 有读书的习惯

你家里有书房吗？你有手不释卷的习惯吗？你经常和孩子谈论某一本书吗？你在孩子面前是不是一个有学问的人？……如果这些问题的答案都是肯定的，那么你孩子想不热爱阅读都难。孩子的书卷气，只能由家庭的书香气熏陶。而家庭是否充满书香气，取决于父母是否热爱阅读。这里的热爱，不是一时，而是一世；不是偶尔，而是终生。

3. 不把自己的意愿强加给孩子

每一个孩子都是一个独立的个体，不是父母的复制品。孩子的精神世界应该得到尊重。你是画家，则不必强迫儿子也成为画家；你是歌唱家，也不必非要女儿成为歌唱家。企图迫使孩子成为第二个自己的家长是愚昧的，因为自己"小时候家里穷，什么艺体特长都没学会"，便强迫孩子圆自己的"梦"，这样的父母更是愚蠢的。

4. 经常自然而然地和孩子谈心

教育是心心相印的艺术。成为孩子的知心朋友，既是教育的条件，也是教育成功的标志。我特别主张父母每天和孩子有"一席话"（谈心）、"一段路"（散步）、"一盏灯"（灯下共读）。要站在孩子的角度思考问题，甚至在某种程度上把自己变成孩子，这样才能赢得孩子的信任。而当孩子跟你说悄悄话的时候，你的教育就开始走向成功了。

5. 和孩子有至少一项共同爱好

教育就是陪伴，就是倾听，就是不知不觉走进心灵。多一项和孩子的共同爱好，就多了一条通往孩子心灵的道路；相反，如果你从不和孩子共读一本书，从不和孩子一起上网，从不和孩子一起踢球，从不和孩子同追一部电视剧，从不和孩子一起做一件彼此都感到有趣的事……对不起，你就失去了和孩子沟通的有效渠道。当然，也失去了为人父为人母的乐趣。

6. 真诚地给孩子认错道歉

没有人不犯错误，做父母的也不例外。关键是，犯了错误后怎么办？知道自己错了之后你的态度，就是最好的家庭教育，因为孩子正看着你呢！如果你百般掩饰，找借口为自己辩解，你就在教育孩子文过饰非；如果你恼羞成怒，反而斥责指出你错误的孩子，你就在教育孩子强词夺理。唯一正确的态度是："孩子，爸爸（妈妈）的确错了，请原谅！"

7. 不把大人的矛盾播进孩子的心灵

夫妻之间的亲密感情不应仅仅被看成是两个人之间的爱，其实这种爱也是一种无声而有效的家庭情感教育。当然，夫妻之间难免闹别扭甚至发生冲突，问题是双方都不要去争抢孩子的感情世界，逼着孩子"选边站队"，更不应该给孩子灌输仇恨。我看见有些夫妻即使离婚了，也依然以朋友身份保持着友谊，这是一种非常可贵的爱的教育。

8. 关心孩子的身体胜过其学习成绩

孩子的睡眠时间比学习时间重要，孩子多吃一个鸡蛋比多做一道习题重要。孩子成绩优，身体棒，当然最好不过，但有时候不可兼得，非要你二选一，你选什么？难道要放弃孩子的健康，选择分数？孩子不顾一切考了个第一名，可身体搞差了，这个"第一名"拿来何用？我常说："幸福比优秀更重要！"但幸福的载体只能是健康的身体。

9. 不施暴力和冷暴力

所谓"不施暴力"，就是不打孩子，这点恐怕很多父母难以做到。但冲动中打孩子而事后很懊悔，与打孩子打得理直气壮，是不一样的。我们要尽量做到不打孩子，因为在拳头下长大的孩子只会崇尚暴力。不过，某些时候"冷暴力"胜过体罚，损害孩子自尊心的斥责，尤其是大庭广众之下的斥责，有甚于打孩子，因为这伤害的是心灵。

10. 要求孩子做家务

有的孩子在学校是三好学生，但在家里可能"饭来张口，衣来伸手"，因为现在的孩子普遍不做家务。爱是一种责任，对孩子的爱就是对孩子的责任；同样，爱的教育就是责任感的教育，而责任感的培养始于做家务。许多父母以孩子学习忙为由不许孩子做家务，但如果孩子不会做家务，缺乏对他人的责任感，成绩再好也不是一个完整的人。

11. 没有不良嗜好

我曾在孩子们中作过一个问卷调查:"你最希望你的爸爸妈妈克服的缺点是什么?"答案有:"吸烟""说脏话""酗酒""赌博""沉迷网游"……凡此种种,应该是父母最不希望孩子染上的嗜好,但有的父母已经沉迷其中而不能自拔了。生活在这样家庭里的孩子难免受其影响。让孩子成为一个纯正的人,请从自己做起。

12. 允许孩子不出类拔萃

同事的孩子上了清华,便担心自己的孩子是否能够考上北大。因为攀比,便有了忧虑、纠结、焦灼,而这一切便会转化为对孩子的苛求;更要命的是,这种情绪会不知不觉传染给孩子,于是孩子也忧虑、纠结、焦灼起来,进而失去了天真无邪的快乐。任何时代,杰出人物总是寥若晨星,为什么不允许孩子做一个普通而幸福的人呢?

13. 接纳孩子的不完美

如果孩子考差了,你会对孩子说"祝贺你,因为你检测出了自己学习上的问题"吗?如果孩子考好了,你会说"孩子,爸爸妈妈允许你下次考试失败"吗?我们对孩子的要求,过于完美,近乎于圣人,孩子因此很累。问题是,任何孩子都不可能完美,不完美才是常态。如果你非要让孩子完美,请你用对孩子的标准来要求自己。你能够完美吗？

14. 尊重孩子的隐私

父母对孩子的许多心灵侵犯，往往都是打着"我是为你好"的旗号，比如，未经允许看孩子的日记，翻孩子的书包，偷听孩子的电话，查看孩子的微信聊天……其实孩子未必真有什么不得了的"秘密"，只不过是渐渐长大的他们想独享一份心灵自由罢了。如果父母发自内心地尊重孩子，孩子也许会把你当作朋友而主动向你敞开心扉。

15. 和孩子一道成长

我们的心智比孩子成熟，但我们的心灵不如孩子纯洁；孩子比成人更富想象力和"初生牛犊"的勇气，但他们往往幼稚而脆弱。双方都需要成长，彼此都可以为师。最好的父母并非没有缺点，但他们一直都在学习，包括向孩子学习。最好的家庭教育，就是父母和孩子心灵的互相感染、互相影响、互相欣赏……最后达到亲子的共同成长。

好父母的标准肯定不只上述 15 条，但至少包括了这些。

需要说明的是，上面诸条均未涉及智力开发、学习辅导等，因为从根本上说，家庭教育的主要任务不是传授知识，而是培养人品。好父母和文凭没有必然联系。学历不高的父母，培养的孩子可能个个有出息，因为父母自身的善良和勤劳，就是对孩子最好的感染；而一些高学历家庭，子女中不成器者大有人在。当然，这不是说，文化水平越低，家庭教育越好。我只是想强调，善良最美,做人第一。

对照这15条,我也不敢说自己做得很好。不过,学无止境,我愿意和大家共勉。

2019年9月20日下午于成都至昆明的航班上

家长，如果你管不了孩子，自有法律等着他！

近年来，我国多起未成年人犯罪的案例震惊社会——

2020年4月18日，安徽宣城警方发布通告，此前报警走失的10岁女孩杨某婷已经不幸遇难，而这起触目惊心的案件的幕后真凶竟然是一名只有13岁的男孩。据多位村民证实，男孩与遇害女孩是堂兄妹关系。

2019年1月15日，湖南涟源市一名12岁男生因为和同学起矛盾发生争执，被13岁的同学连捅三刀身亡。

2019年10月20日，辽宁大连，一名13岁的男孩将10岁的女童骗至家中，欲对其实施侵害。遭到拒绝后，男孩便对受害人进行殴打，随后又掐受害人的脖子，当发现其没有抵抗的时候，又对受害人连砍数刀，在发现受害人死亡后将其丢到住处对面的灌木丛中。

轰动一时的北京"四少年绑架杀人案"，四名不到17岁的少年因为没钱上网，便想到绑架要赎金。其中一人提议："我们可以做个大案，反正都不到18岁，法律不能判死刑。"他们决定绑架一名有钱的同学索要巨额赎金。他们将被害人骗至一偏远地方后，由于意识到其中一人和被害人认识，担心警察会抓到他们，便在赎金要到之前，将被害人残忍杀害。后来，警察成功将四名犯罪嫌疑人抓获。在法庭判决上，四名少年在听到他们分别被判处有期徒刑和无期徒刑，没有死刑后，竟然相视而笑。

……

如果到网上去搜索，类似的案例还有很多。真的让人不寒而栗！

在过去，一些少年杀人犯往往都会受到法律的"保护"——或免责，或从轻，因为他们还是未成年人。

现在，这种"法律优惠"终结了——

第十三届全国人大常委会第二十四次会议于12月26日表决通过刑法修正案（十一），对刑事责任年龄相关规定作出调整。12至14周岁未成年人故意杀人等犯罪，将不再是刑事"免责人群"。

我为这个调整叫好！

教育当然是重要的，其重要性就在于，通过教育可以尽可能将犯罪率降到最低。但无论怎么教育，由于种种原因，犯罪分子依然会存在，包括未成年人犯罪的现象——古今中外都不例外。当教育无法阻止一些犯罪时，法律便成了有力的武器。如果说，过去我们的法律对未成年人相对比较宽容，那么，根据已经发生了的社会变化相应地调整法律条款，则堵死了某些未成年犯罪分子的侥幸之路。

说到教育，我认为，学校教育当然非常重要，但无论多么重要，都比不上家庭教育。对此我曾经专门写过文章论述，在此不再重复。我想强调的是，学校当然担负着立德树人的使命，但同时，还有系统的知识传授和能力培养。而家庭教育主要或最重要的，是对孩子的做人教育。现在家庭教育更多地成了学校的"智育"补充，而忽视了孩子的品格教育，这不能不说是近年来犯罪分子越来越低龄化的重要原因之一。

所以，全国人大常委会通过的有关"最低刑责年龄下调"的刑法修正案（十一），其意义就不仅仅是对所有未成年犯罪分子的一个震慑，而且也为所有家庭敲响了警钟——

别以为孩子还小，就可以放纵娇宠，如果家长不好好管教，任由孩子走向犯罪，自有法律在前面等着他！

2020 年 12 月 26 日

为什么写诬告举报信的家长总是赢家？

最近，听朋友说了这么一件事——

他所在小学的一位数学老师一学期两次被家长匿名举报。第一次是说他作业布置多了，"严重损害孩子的身心健康"。举报信由教育局转到学校，校长找老师谈话，并认真作了调查，发现举报内容不实，因为这位数学老师所布置的作业量，并没有超过一般老师布置作业的平均值。老师没有错，但他本着"有则改之，无则加勉"的态度，改进了做法：分层次布置作业，不同学习基础的孩子的作业量和难度都不一样。

不料，过了一个月，他又被匿名举报，说他"偏心""没有一视同仁""教育不公""歧视后进生"……幸好校长比较公道，经过调查，按要求认真给教育局写了回复，说明了真实情况，特别强调，这位数学老师没有错。

可到了年终考核，这位数学老师却没有获得应有的"优秀"，甚至"良好"也没达到，仅仅是"合格"。校长是这样解释的："毕竟你有被举报的记录，而且一学期两次。不但你的考核按规定得降等，而且学校也会受影响。这是规定，我也很无奈。只要有举报,学校的评估就得扣分。"

这位老师本来没有错,却无端被诬告,最后竟然在年终考核时受影响,还"连累"了学校!

不过,他还不算最冤的,我还听说了一件更奇葩的"举报"——

一位初二的物理老师,有一天突然被校长请到办公室:"我们接到市长信箱转下来的群众来信,是一个家长举报你有偿补课。"这位女教师非常惊讶:"绝不可能!我从没在周末给任何学生补过课,无论是我自己班上的学生,还是其他学生。"校长说:"信上说的不是周末,是你每天下午放学后……"女教师一听,激动起来,大声说:"我是每天下午放学后把几个成绩差的学生请到办公室给他们补物理,但从来没有收过学生任何一分钱!因为这本来就是我的工作,他们几个成绩差,我给他们补一补,这不很正常吗?怎么成了有偿补课?"女教师委屈得流泪了,"校长,如果你查到我收过任何一个学生的一分钱,我愿意接受任何严厉的处分!"经过调查,说这位老师"有偿补课"纯属子虚乌有。但本来已经报上去的一个荣誉称号,却被取消了。理由是:"毕竟曾经被举报过。"

这两位老师都很优秀,却都因诬告而蒙冤受屈。这样的例子也许谈不上普遍,但不应该是个别。只要家长举报,无论是否属实,受挫的总是教师,而诬告者总是赢家。

必须特别声明,我这篇文章抨击的对象,不是正常行使自己权利的家长。因为举报是每一个公民的权利,尤其是在倡导民主与法制的今天,每一个家长都有权参与并监督学校和老师。这是无可厚非的。但我认为"参与并监督"应该体现出一定的制度,而不应该是家长随心所欲的"胡来"。现在，在某些地方，家校关系越来越紧张，校闹频繁。事情闹得越大，对家长就越有利，再加上媒体炒作，闹的一方往往得逞，而学校总是处处防范，教师总是时时心惊——总之越来越弱势。

正常的举报不属于"胡来"，但诬告却是犯罪——诽谤罪。这本是常识，但现在实施这项犯罪的成本太低了。因为：第一，是匿名，无风险；第二，只要举报，就会受理，只要受理，就算不让你失去什么，可你该得的也得不到，比如正常的晋升，而且还在舆论上把你狠狠地打下去。正所谓"舆论杀人"。

为什么诬告的家长总是赢家？原因很简单：匿名让诬告者很安全，不会付出任何代价；而且只要举报就会受理，被举报者往往会名誉受损，至少要被恶心一阵子。

为此，我建议：第一，所有匿名举报，一律不受理；第二，即使是实名举报，但只要经过调查发现内容失实，被举报个人和学校的荣誉和相关考核评估一律不受影响。坚决反对把"零举报率"作为评价教师和学校的一个标准。

20世纪80年代，著名漫画大师华君武画过一幅漫画《诬告》："贴上八分邮，告他人咬狗，调查几个月，不死也够受。"30多年过去了，这幅漫画依然是当今某些现实的写照。不是吗？

只是以前诬告者还得付出八分钱的邮资，而现在电脑写信，网络发送，连"八分邮"都不用了！

2020年5月10日

对孩子，究竟应该"顺其自然"还是"严厉管教"？

真理总是有着具体的针对性，教育更是如此。对张三有用的方法，对李四未必奏效。但我们不少人偏偏相信教育有着放之四海而皆准的"真理"。

我读到过一位北大新生母亲写的育儿经验的文章，她说自己的经验是"不要给孩子施加任何压力"，说"要让孩子像野花一样自由自在地生长"，因此，从孩子小时候，她就没有责骂过孩子一次，更别说体罚了；在学习上，她的做法是"顺其自然"。最后的结果，至少从应试的角度看，她的家庭教育的确成功了。

我又想到傅雷教子。在《傅雷家书》中我读到，傅雷对傅聪的教育到了严苛的程度：吃饭不许嚼出声，公共场合双手不能放进裤兜，穿制服时每一颗纽扣都必须系好……儿子在练钢琴，傅雷便手里拿个小棍守在旁边。傅聪弹着弹着不弹了，傅雷就着急，拿棍就杵地板——"你赶紧弹啊！"还有一次在饭桌上，傅雷训傅聪："你怎么最近钢琴弹得不好啊？"傅聪有点着急，就跟他爸爸顶嘴。这一顶嘴，傅雷就将手里的一碗饭"哗"扣到傅聪脸上了，一下把他鼻梁骨打坏了。但最后傅聪成了举世闻名的钢琴演奏大师！

如果从结果来看，好像两个家长的教育方法都很成功。那你说现在的家长学谁呢？在我看来，任何教育方法都不可绝对化。没有一种方法是"普世"的，最好的方法就是根据孩子的具体情况"因材施教"。这当然不是什么新理念，而是说了几千年的常识，但常识往往被人遗忘。

有的媒体也爱误导读者。今年高考分数一公布，我注意到，记者在报道某理科"状元"时，突出其"良好的学习习惯"，比如"不死读书""一边玩一边学""从不熬夜""从不上任何周末补习班"，学习之余爱好广泛——足球、金庸小说和电子游戏，等等。文章给家长的印象是，孩子苦读是没有用的，还是"边玩边学"最好。我看后心里想，你怎么不说这个孩子智商超级高呢？

我至今依然是杜郎口中学课堂改革坚定不移的支持者和辩护者。崔其升及其同事们根据他们学生的特点采用了行之有效的方法，这不是什么"神话"的奇迹，而是常识的胜利。但我并不认为杜郎口中学的课堂形式具有"放之四海而皆准"的"普适性"——具有这样"普适性"的形式永远不可能有。因此，当我听到某知名校长在一次全国教育论坛上斩钉截铁地说"现在中国所有的课堂改革都是学我们学校的，我们学校的经验任何学校都适用"，我一笑了之。崔其升曾对我说："我们的学生基础很差，而许多老师的专业水平也很低，学生不爱听老师讲课，那还不如让学生讲呢！"这是他们最朴素的改革动机。因此，如果教师专业水平不太理想，学生整体素质也太不理想，而我们又想让教师的专业水平和学生的整体素质都得以提高,那么,借鉴杜郎口中学的课堂模式应该是一个不错的选择之一(注意,是"之一")。这话也可以反过来说,如果教师人人都学识渊博、技艺精湛,学生个个都聪明绝顶、能力超强,那完全不用学杜郎口中学——这样的老师,这样的学生,怎么上课都行,教学质量肯定都非常棒。

在《和青年校长的谈话》中,苏霍姆林斯基有几句话说得非常精辟:"某一教育真理,用在这种情况下是正确的,而用在另一种情况下就可能不起作用,用在第三种情况下甚至会是荒谬的。"这话值得今天中国包括家长在内的每一位教育者深思。

2014 年 10 月 8 日

记忆

今夜,我和20年前的学生共忆教育芳华

熟悉我著作或微信公众号的读者,应该对邹冰、安超、崔涛、胡夏融这几个名字不陌生,因为我曾写过他们。上个月,在成都举行的苏霍姆林斯基专业委员会年会上,我以"教育要有儿童视角"为题讲了他们的故事,讲座结束时,除胡夏融没来之外,另外几人都走上讲台与听众见面。当时全场氛围非常感人,许多老师都感动得流下了热泪。

那天中午,本来说好要一起吃饭的,但因为我当天要飞往卡塔尔多哈,便和他们约定:"等我回国后,我们再聚。到时候我请你们吃饭。"

今天晚上,邹冰、安超、崔涛、胡夏融和我在我家附近的火锅店相聚。

其实,这几个学生和我一直有联系。尽管他们现在已经30多岁了,但每次相见,我总觉得他们还是当年十几岁的孩子。今天这四个学生是当年我班上的两组"帮扶对象"——安超和邹冰的成绩不好,又调皮,崔涛和胡夏融便分别担任他俩的"帮助人"。

回忆当年，故事真是太多了。

我一见到邹冰，就说："我现在还保存着你当年写的检查呢。"他哈哈大笑。

邹冰当年是一个调皮大王。我问他："你还记不记得你当时去成都十九中打架的事？"他说记得。

我说："有一次我在办公室办公，你沮丧着来我办公室，我问怎么不上英语课，你说赖老师要你来找我。"

邹冰说："这事我还记得。咳！那时候我太调皮了！当时上英语课，我把羽毛球拍拿出来放在桌上敲打，赖老师批评我，我不听，赖老师气哭了，就把我撵出了教室，要我去找你。"

我说："当时北京《中小学管理》杂志的沙老师来采访我，对我说中午去教室找同学聊天，其中有一个是你。沙老师说：'邹冰说他很喜欢你、信任你，因为你从不歧视后进生。'我当时听了沙老师说的，特别感动。"

邹冰说："李老师确实一点都不嫌弃我，对我也特别好。我还记得李老师给我们读小说《悲惨世界》，印象特别深。后来我专门去买了一本，一直保存到现在。我不爱读小说，但这本小说因为李老师为我们读过，所以到现在都还在我家里放着。"

安超说："我也是，到现在我还保存着《悲惨世界》，还有《平凡的世界》，这都是李老师当年给我们读过的书。"

安超还回忆道："我还记得李老师从天津出差回来，给我们买了麻花，但在大巴车上被人偷了。李老师在班上跟我们讲这件事，说着说着就流泪了，觉得很对不起我们，我们大家也跟着一起哭。"

这件事我倒忘记了，不过他一说我也想起来了。我说："我记得还有一次我去南京出差，中途给你们写信寄回去，后来胡夏融叫大家都给李老师写信，然后胡夏融把这些信装在信封里寄到我在南京的招待所，可我已经离开那招待所了，所以那些信后来退回到了学校，我现在还保存着。胡夏融当时以为我天天都住那里，可我是出差啊，哪能天天住那里呢？"

安超笑了："当时多纯真啊！"他又说，"那天我在出租车上，讲李老师的故事，司机都不相信，说有这么好的老师吗。"

我说："有的读者读了我的书，被我和学生的故事感动，说李老师和他学生的故事简直像童话一样美好，也有人不相信，说真有这样的师生关系吗。"

胡夏融说："说实话，我读书最美好的时光还是初中三年李老师教我们的时候！"

我又说安超："你那时候多奶气啊，完全还是小孩子。"

他说："嗯，那时候经常惹老师生气。"

我想起有一次他妈妈在我们面前流泪的情景，我说："那次好像是你犯了什么错误，你妈妈来找我，要我好好教育你，说着说着就哭了。"

他说："唉，那时候我确实太不懂事了。"

但当年让我和他妈妈操心的安超，后来一样考上了大学，现在在一家国企工作。他很自豪地说："现在成都市天府新区所有有关电力、通信的活儿，都在我手里。"我感慨道："安超真的有出息了！"

胡夏融也有出息了。他博士毕业后，在西华大学教书，他说:"我现在教书也一直按李老师说的,要爱学生,不管学生学习成绩如何都要爱他。我鼓励学生发现自己的优势,我对他们说,你要找到自己的优势,以后不一定从事现在你学的专业,只要你喜欢一件事,努力去做,一样会有出息的。"

我们都祝福胡夏融早日评上教授。

"看到你们现在的情况,我更坚信,任何一个孩子的未来都有着无限的可能性!"我说,"比如,胡夏融和邹冰,放在当年,帮助'差生'邹冰的胡夏融很优秀,以后有出息,这是谁都不怀疑的,但如果那时候我说,被胡夏融帮助的邹冰以后也会有出息,也会考上大学,他将在机场指挥调度航班的起降,谁会信呢?但现在他不正是这样吗?"

大家都笑了。

的确,曾经想当飞行员的邹冰,虽然没飞上蓝天,但大学毕业后的他在国航工作,先是值机,后来做调度。我问他每天调度多少架飞机,他说:"每天要调度300多架次飞机。当然,不是我一个人调度,我们是一个团队。"我说:"那也了不起啊!"

崔涛现在是一名很有作为的教育者。他给大家讲了他从教的经过,说:"当初是李老师把我介绍给杨东平老师,在21世纪教育研究院工作,后来我回到成都,到了先锋学校。"

我对大家说:"崔涛所在的学校是中国目前最具改革色彩、最具前沿理念的学校,是名副其实的先锋学校。他现在是副校长,可每天还和学生在一起。"

但是同样,当初的优生崔涛帮助"差生"安超,而现在两人在各自的工作领域都很有成就,谁也不比谁差。

我说:"还是那句话,关键是要做最好的自己!"

我又说:"很多老师都说,毕业多年后,真正和老师有感情的还是那些后进生,而优生是不会感恩老师的,他们不记情。我总是以你们为例,说安超、邹冰对我好,崔涛和胡夏融同样对我很好。所以我说,所有学生都会爱老师,关键是老师要一视同仁地爱学生。"

邹冰说:"关键是现在不少老师和学生的关系达不到当初我们和你那样。现在有的老师只是上课,教知识,而不愿和学生一起玩。"

中途安超站起来说要去趟卫生间,我很快意识到不对,便赶过去,原来他真的是要去结账,我说"不行",但他坚决不要我结账,再加上服务员也向着他,我只好作罢。

……

我感叹:"当年我教你们的时候,也就比你们现在大几岁。那也是我的芳华啊!一晃我明年都要退休了。"

崔涛说:"春节我来组织一下,我们班聚聚。"大家都说好。

于是我们一起把期待的目光投向春节。

2017 年 12 月 19 日晚

你们就是星辰大海

一

作为受聘的所谓"培训专家",我实在不好意思给2018年湖北省新教师岗前培训的年轻人作"培训",因为即使是短暂的接触,我也被他们的赤诚与纯真感动了,被他们的青春与激情感染了。正如同时被邀请的专家冯恩洪老师所说:"我是来汲取年轻的活力的!"

我说的是湖北省教育厅组织的2018年湖北省新教师岗前培训。注意,这里所说的"新教师"全是来自湖北各地的乡村教师,因此,叫"乡村新教师"更恰当。

昨天下午,我刚下飞机,便被接到了他们的小课间现场。其实我当时很累,很不愿意去,很想回房间休息,关键是他们临时说起,我毫无思想准备,且浑身汗味,衣服也没换,形象欠佳;但因为虚荣心,我怕人家说我"架子大",只好故作"平易近人"地来到了湖北经济学院。

烈日炎炎之下,一群少男少女正精神抖擞地在宣誓,声音震动着我的耳膜。随着他们豪迈的声音,一面红色的巨幅旗帜从高楼上瀑布一般倾泻而下,展开挂在楼前,蔚为壮观。在这群年轻人的脸上,丝毫看不到火炉般的高温所产生的影响,虽然他们已经浑身是汗,但精神饱满,如出征的战士。我被震撼了。

参观了他们的才艺作品展:各种卡通布娃娃、书画作品、尚未完工但已经初具雏形的木质飞机……我来到了大礼堂,面对海洋般的青年人的面庞,我整个身心很快就被一种激情融化了。

先是一群女教师的无伴奏合唱,虽然一时没听清歌词,但我感觉和谐的声音正从她们的心底流出,如山泉般清澈自然。她们脸上呈现出柔和亲切的笑容,朴素而又迷人。我的心绪很自然地随着歌声飘到了很远很美的地方。两个柔美而激情的舞蹈之后,是两位乡村教师的讲述。

二

一个叫何欢的质朴小伙子走上了讲台。12年前,大学毕业的他主动申请去蕲春县蕲北山区当一名普通的乡村教师。他任教的学校白水中学当时是一所只有300多人的乡村学校,因为教学质量不好,学生流失严重,县教育局已经决定将该校毕业年级拆并到附近学校,计划三年内停止办学。正是在学校过渡期间,县教育局根据全校老师的推荐意见,任命何欢担任校长。当时他的想法很简单:"只要我当一天校长,就要尽职尽责把学校管理好。"然而,他的努力所收获的比他想要的还多。到了预计要停止办学的三年后,白水中学越办越好,可以说发生了翻天覆地的变化,许多家长把孩子送到这所学校,最后学校不但没关门停办,反而办学规模越来越大,现在已经成为拥有1260名学生的优质学校了。谈到这段经历,他自豪地说:"我有幸在广袤的农村基层，和众多新教师战友一起播种青春，收获了梦想。"

第二位讲述者是一位叫谢薇的小姑娘。四年前，大学刚毕业的她便去了随州市一个偏远的小山村当了一名小学老师。面对恶劣的环境、艰苦的条件，谢薇的内心也曾动摇过，但一位每天都送小孙子来上学的盲人老爷爷的身影触动了她。她说："无论环境多么艰苦，无论条件多么简陋，我们淳朴的乡亲都希望自家的孩子能够好好学习知识和文化。此后很多个夜晚，我总能感受到这位盲人老爷爷的竹杖像教鞭一样，在无形地鞭策着我。我对自己说，条件艰苦不算什么，一定要好好干，教好每一个孩子，为了每一个孩子背后的每一个家。"正是因为这位老爷爷竹杖的"鞭策"，谢薇将自己的教育做得有声有色——课堂妙趣横生，活动丰富多彩，不但让孩子们学到了知识，而且还感受到了校园生活的快乐。"我们举办了全校有史以来第一次'六一'联欢会，让每个孩子登上属于自己的舞台。全校400多个孩子有300多人登台，大家唱着跳着，乐开了花。"讲到这些，谢薇眉飞色舞，仿佛她就是其中的一个快乐的孩子。

在他俩讲述的时候，约1500人的会场鸦雀无声，大家都被感动了，有人擦着眼泪。最后，海潮般的掌声响了起来。

我对两位年轻人表达敬意，和他们聊了起来。我对何欢说："你的名字很有意思！何欢嘛，就是'为什么快乐'。以后你讲述时可以这样开头：我为什么快乐呢？答案在我的讲述中。等你讲完的时候，你再自问自答：我为什么快乐？因为我从教育中享受到了幸福！"我又对谢薇说："你的名字也很有寓意。我建议你以后讲述时，也可以在结尾说：因为教育，我是一朵永不凋谢的蔷薇花！"

大家都笑了。

想到刚才我还不想来，心里有些惭愧，又有些庆幸总算来了，不然哪有这样的享受？

三

今天上午，面对下面一张张青春袭人的年轻面孔，我笑着说："在座各位都很年轻，但我年轻的时候，比你们还年轻呢！"全场大笑。

"不信吗？请看——"我打出了第一张PPT，19岁的我正用一双明亮的眼睛注视着在场的每一个人。

"哇！"全场一片惊叫。我问："你们惊叫什么呢？"一千多张嘴巴呼出同一个字："帅！"

我笑了："你们评价人相当客观嘛！嗯，现场有没有小伙子觉得自己比当年的李老师帅的？有吗？请举手！"没有人举手。我补充了一句："如果有小伙子觉得比我帅，可以上台来让我们大家比较鉴定一下，如果真的比我帅，我有奖品赠送。"

远处，黑压压的人海中举起了一只手。

"好，重赏之下必有帅哥！请这位老师上台。"

一个小伙子从后面小跑过来，跳上了舞台，面对大家。大家又笑了起来。我说："哟，真的很帅呢！帅到了什么程度呢？"我停顿了一下，然后大声说："仅次于我！"全场爆笑，掌声响了起来。

我说："我将赠送这位帅哥一本我最新出版的《爱心与教育》

（20周年精装纪念版）！"笑声和掌声再次响起。

我就从这张照片开始了我的讲述，主题是"用一生的时间去寻找那个让自己吃惊的'我'"。我讲我的大学，讲我的第一个班未来班的故事，讲我和谷建芬老师的友谊，讲我的阅读和写作，讲我的"玩美的高95届1班"，讲《爱心与教育》的写作过程，讲我和苏霍姆林斯基娅的交往，讲我考博读博，讲我从成都市教科院重返校园后如何当班主任，讲我后来又当校长，一直讲到我现在陪伴着身边的一群年轻人成长，因为台下都是乡村教师，所以我还讲了同为乡村教师的陈秋菊的故事……

四

在谈到"中国的苏霍姆林斯基"或"中国的苏霍姆林斯基式的教师"时，我特意解释道："是的，的确是当时卡娅听了我的故事后，感动地给我写了一封信，信中是有这样的说法，'您是中国的苏霍姆林斯基式的教师'。但注意，是'中国的苏霍姆林斯基式的教师'，而不是'中国的苏霍姆林斯基'，后者只是一个人，而前者则可能是千千万万。'式的'就是指一类嘛。既然是一类，那就绝对不止我一个人。包括在座各位年轻人，你们未来都有可能是中国的苏霍姆林斯基式的教师。有人说，这可是卡娅亲自对你一个人的评价呀！但是，我要说，那是因为她当时听的是我讲故事，而像我一样有故事的中国教师太多太多；如果那天换一个人讲，感动中的卡娅同样会这样评价他。比如，冯恩洪老师如果在卡娅身旁讲故事，那卡娅完全可能将这个称呼送给冯老师。所以，千万不要以为我一个人才是'中国的苏霍姆林斯基式的教师'。"

结合这些故事,我讲了这样一些观点——

每一个人的内心深处都潜藏着一个自己都难以置信的卓越的自己,而所谓"成长",就是不断去挖掘自己,成就自己。

教师首先是知识分子,必须拥有独立的人格与自由的思想。没有什么比拥有一颗能够飞翔的心更为宝贵的了。

一定要想透,你这一生追求什么。一旦想定,和你的追求比起来,其他都是次要的,甚至是无关紧要的。

我的追求是,心灵的自由,人生的幸福,学生的快乐。为了这些,其他的都可以舍弃,对我来说,这种"舍弃"同时又是一种获得。

至今我还生活在争议中,没关系,我错了改正就是了,而我认为对的,就走自己的路,让人说去。

求职相当于"热恋",入职相当于"结婚"。选择教育,就是买了一份套餐,不管你满不满意,都是你自己的选择。

对教师来说,不阅读,无以活。所谓"专业素养的提升",主要就是不停地阅读。

不要被舆论绑架,也不要被自己绑架,一切服从于自己的内心。

让职业充满诗意,把教育编织成童话。

每一个教育者,都应该是一部童话的创作者。

只要用心做教育,我们都可以把我们所带的班级创作成一段故事，编织成一部童话，缔造成一个传奇，导演成一部大片……
　　……

两个半小时，当我在台上讲述时，下面一千多双明亮的眼睛齐刷刷地凝视着我，我仿佛置身于一片灿烂星光之中。

五

但我没想到，还有更灿烂的风景等待着我。我刚要下台，主持人陈盼叫住了我，说："等等，我们还有一个仪式。"她让我站在舞台中央，背对老师们，和全体老师来了一个特殊的合影。

当我转过身来面对大家时，我被眼前的景象惊呆了——每一个老师都缓缓挥舞着手中的"星星"，唱起了他们自己谱写的歌曲《寻梦》——

> 云儿飘飘风低语，
> 童年轻轻小溪。
> 依着你的美丽，
> 寻找童年的眼睛。
> 远山的花儿开了，
> 幸福的脸儿笑了，
> 要做那天边闪亮的星星爱的眼睛……

一千多人组成的浩瀚大海上，无数星星在闪烁，歌声在海天之间飘荡。

这是青春的"星辰大海"！我的眼睛湿润了。

从大厅走出来，我和冯恩洪老师应邀在青年人的"支教大旗"上抹上了浓浓的色彩。

冯恩洪老师说："湖北省教育厅的新教师岗前培训，在全国不是一流，而是第一！"我完全同意冯老师的评价。

80年代的时候，冯恩洪老师就是我的偶像，我从他的文章中学到了很多。1999年春天，他请我去建平中学为老师作报告，他一直坐在下面听。结束后他过来握住我的手说："我也是苏霍姆林斯基的追随者！1985年，我就是怀着苏霍姆林斯基那样的情怀来到浦东办学的。"后来他又多次听我的所谓"报告"。今天上午，72岁的他一直坐在下面听我的故事。这让我非常感动！

中午吃饭时，他这样评价我："最美心灵，心灵最美，都是苦中之苦。人不能失之我失之，这是一种见识；人不肯为之我为之，这是一种信仰；人不敢为之我为之，这是一种魄力；人不能忍之我忍之，这是一种胸怀；人不会为之我为之，这是一种能力。什么叫李镇西？李镇西＝见识＋信仰＋魄力＋胸怀＋能力。"

这绝对过奖了，但我还是很高兴，不仅是因为这是冯老师对我的评价，更因为这为我指出了做人之道。

六

湖北省教育厅这样的新教师岗前培训从2004年到现在已经组织了15年，他们把新教育培训做成了一种文化、一项仪式、一份感动、一次震撼。

一位亲历者这样写道:"当你置身现场,会感到自己置身于时代的洪流之中。爱与美,光荣与梦想,使命与担当,一个又一个词语,扑面而来,像潮汐澎湃在心里。庄严之美、刚劲之美、雄浑之美、灵动之美,都在培训中展现得酣畅淋漓。"

陈盼曾经是这里的受培训者,后来她从这里走到了北京,走到了中国教育学会《未来教育家》杂志执行主编的岗位。她对我说:"我们的理念是CMC,即'舞台教育理念',这个理念可以用三句话来概括和表达,就是'人人是自己的主角,舞台是人人的舞台,台上台下都是主角'。"

她给了我一份相关资料,上面有对这三句话的解释——

"人人是自己的主角"(主体性原则):培训要让学习者明确意识到,每个人都是培训活动的主角。教育要引导人人建立自信和自觉,在社会生活中不断强化主人翁意识。

"舞台是人人的舞台"(均等性机会):培训舞台是属于每个人的舞台,人人都要能够有权利、有机会、有条件登台展示。未来社会要搭建人人能展示自我价值的平台。

"台上台下都是主角"(关联性氛围):成功的培训需要台上台下共同协作。教师、学生都是教育的主角。精英、大众都是社会的主角,大家携手同行,才能共创未来。

资料的解释是枯燥的,但这三句话在我短短的一天中变成了具体可感的人物、场景和故事。

七

  我下午还得赶到山东诸城,那里有一群新教育的老师在等着我。送我去机场的车缓缓开动,两旁穿着红色 T 恤衫的老师们向我挥手告别:"李老师再见!""欢迎李老师再来呀!"

  现在,我在飞机上写这篇文章。写着写着,情不自禁打开手机看我拍摄的老师们唱歌的视频,我戴上了耳机,于是万米高空上,青春的歌声再次撞击着我的心灵——

> 云儿飘飘风低语,
> 童年轻轻小溪。
> 依着你的美丽,
> 寻找童年的眼睛。
> 远山的花儿开了,
> 幸福的脸儿笑了,
> 要做那天边闪亮的星星爱的眼睛……

泪水终于忍不住夺眶而出。

2018 年 8 月 12 日于武汉至青岛的航班上

青春回首三十年

一

昨天才从新西兰回国,来不及倒时差,今天早晨我便乘坐八点的高铁前往乐山,参加初87届1班的学生毕业30周年聚会。

在火车上我开始整理回家后翻箱倒柜找出来的这个班的"文物"的照片:班级日记、学生作业、黑白照片……我在笔记本上把这些照片插入PPT,旁边的一位中年男子看见我在电脑上捣鼓,问我是不是当老师的,我说是的。他大为感慨:"您保留了您学生这么多的老照片,还有这么多的资料,太不简单了,太了不起了!我读中学,从初中到高中,就两张毕业照。"他的声音吸引了旁边的乘客,临近几排座位的乘客都渐渐过来把我围成一圈,看我电脑上的老照片。那一刻,我很自豪。

一个小时以后,我准备下车。走到车厢的另一头,突然看到一个背影很像我高中的班主任张老师,我试着叫了一声"张老师",她转过身来,果真是张老师!我和她打招呼:"张老师好!您也回乐山呀?"她说:"我是回去参加我97届学生毕业20周年活动的。"我乐了:"这么巧,我是回乐山参加我87届学生毕业30周年活动。"

出了站,我和张老师合影。

二

上午九点,由当年的班长之一张锐主持,聚会活动在乐山一中会议室正式开始。同学们再次唱响了由谷建芬老师谱曲的班歌《唱着歌儿向未来》,张锐播放了当年我给他们拍的照片,一张张黑白照片把大家带回到30多年前。音乐老师刘富煜在发言中特别谈到了"由于李老师喜欢音乐,所以音乐对你们班良好班风的形成产生了积极影响";英语杨老师则对比她当年同时教的两个班,谈了她的感受:"每次走进你们班,同学们的精神面貌总是那么好,积极认真,课堂气氛也特别好,而走进另外一个班,就是完全不同的情况……"两位老师说的时候,同学们情不自禁地想起了当年的课堂情景,都很自豪。

轮到我发言了,我说:"今天我感慨万千。最近几年常常参加以前学生毕业多少周年的聚会,每次我都很激动。今天也如此。你们是我教的第二个班,我当年教你们的时候,比你们现在至少年轻20岁!所以我说,别看你们比我年轻,可我年轻的时候,比你们年轻多啦!哈哈!"同学们都笑了。

"今天我不打算说什么,就让你们看看当年的一些东西吧!"说着,我从双肩包里拿出一大摞资料,首先是两本书,"这是我给你们读过的小说……"有同学在下面问:"《烈火金刚》。"我说:"不是,你们看——"说完我扬起两本书,"《钢铁是怎样炼成的》和《青春万岁》,我教过的所有学生,不管哪个年级,都对我给学生读小说有深刻的印象,是吧?"同学们纷纷点头。

"那今天要不要给大家来一段呢？"大家纷纷鼓掌。

我翻开《钢铁是怎样炼成的》，说："我给大家读一小段，就是朱赫来被捕后，在被押送的路上，保尔救他的那一段。"我走到大家的中间，先作背景交代："朱赫来大家还记得吧？他是一名水兵，是保尔走向革命的启蒙者。他们在一起生活尽管只有短短的几天，但这几天对保尔产生了决定性的影响。朱赫来每天总是黄昏出去，深夜回来。可是，有一天晚上他一去就没再返回。保尔一直很担心，那天他出去找朱赫来，当他走到岔路口的时候，突然看见朱赫来被一个彼得留拉士兵押着从拐角处走过来。"我开始朗读——

他的两只脚马上像钉在地上一样不动了：他立刻认出了前面那个人正是朱赫来。

"原来朱赫来就因为这个才没回家呵！"

朱赫来越走越近了。保尔的心狂跳起来。各种念头一个接着一个地涌上心头，一时茫无头绪。时间太仓促，拿不定主意。可是有一点是明显的：朱赫来完了。

保尔注视着走过来的朱赫来和那个士兵，心里非常乱，想不出主意。

"怎么办呢？"

在最后一分钟，他骤然想起了他衣袋里的手枪。等他们从他身边走过的时候，他就对准那士兵的背后打一枪，这样朱赫来就可以得救了！这霎那间的决定立刻止住了他混乱的思潮。他紧紧地咬着牙，咬得发疼。不就在昨天朱赫来还对他说过的吗:"为了这个,需要的是一伙勇敢的弟兄……"

和当年一样,我一边读一边解说,谈我的感想:"保尔这时候心里很犹豫,因为犹豫而紧张,他想救朱赫来,但怎么才能成功呢?最后他决定暗中向那个士兵开枪。"

我继续读——

保尔生怕引起那个棕黄色小胡子的押送兵的注意,就转身走向一边,让朱赫来走过去,好像他对这两个人一点也不注意似的。

三

我一边读,一边模拟保尔的动作和样子。我走到梁汉明身旁,当年他可是最调皮的孩子之一,上课很容易分神,现在他是一名很有作为的眼科专家了。此刻,他听得非常专注,两只眼睛盯着我,手托着下巴,好像在吮手指——当年他就是这样的;他表情紧张——为保尔紧张。和梁汉明专注表情形成对比的是,坐在他身边的儿子(这次来参加聚会他特意带上了他读初二的孩子)却心不在焉,搞自己的小动作,就像当年的梁汉明一样。我乐了,暂停朗读,说:"小朋友,你怎么像你爸爸当年一样啊?"大家都笑了,我继续说:"你看,你爸爸现在听课听得多认真呀,要向你爸爸学习!"小朋友不好意思,赶紧坐正,果然,接下来他听得很认真。那一刻,时光穿越,1986年梁汉明正是在初二的时候转学走的,年龄刚好和他现在的儿子一样大!可31年后,我印象中的小屁孩梁汉明居然又带了一个和他一样调皮的小屁孩！真是有趣。

我表扬梁汉明："梁汉明同学今天的表现很好！对了，你早就改名叫李嘉文了，是有名的眼科大夫，但是，在我们班这个环境里，在我的眼里，你还是叫梁汉明，而不是李嘉文！你虽然改了跟我姓李，但你是我们班永远的梁汉明！"我说到"你虽然改了跟我姓"的时候，同学们爆笑，梁汉明也笑了。

继续回到小说，我接着读——

结果，发生了这样的事情：那留着棕黄色小胡子的押送兵走到保尔跟前的时候，保尔出其不意地向他扑过去，抓住他的枪，使劲地往地下一按。刺刀刮着石头哧哧地响着。彼得留拉匪兵没有防备这个突然的攻击，马上吓呆了，可是立刻就拼命往回夺枪。保尔用整个身子压住……

气氛越来越紧张，每个同学都看着我，眼里充满焦急，担心着保尔和朱赫来的命运。此刻，他们不再是40多岁的中年人了，而是回到了30多年前，是坐在教室里听我读小说的小男孩和小姑娘。

朱赫来两步就跳到他们旁边，挥起他那只铁拳朝押送兵脸上打去。一秒钟后，脸上挨了两下铅块一般沉重的拳击的押送兵，已经放开了躺在地上的保尔，像一条笨重的袋子似的，滚到壕沟里去了。

也就是这双强有力的手臂从地上把保尔扶起来。

掌声响了起来。同学们终于松了口气,表情舒缓开来。我这段朗读结束了。

我说:"其实对《钢铁是怎样炼成的》这本书,学术界有了不同的评价,但在读这本书的时候,我们一起回到了当年的情景。"

四

我从双肩包里又拿出一本日历,一本1986年的日历。我对大家说:"在这本日历上,记载了我每一天的工作要点。我随便选几天来读。"

我随意翻到几页,读了起来——

1986年1月1日　星期三
在家度假。下午去书店。

1986年1月2日　星期四
收到陈焱信。备课《周总理,你在哪里》。
班上评选班庆会最佳节目、最佳演员。

1986年1月3日　星期五
批改作文《我从集体中获得力量》《我感受到集体的温暖》。

1986年1月4日　星期六
晚上家访:彭可嘉、彭涛、吴涛、张锐。

与彭艳阳谈话。
……

我又特意翻到1986年7月30日的记录——

准备油印《凌云》。
下午，为梁汉明转学开欢送会。

我读到这里，对梁汉明说："我们就是这一天给你开欢送会的。"

虽然限于日历的篇幅，我每天只有寥寥数语的点滴记录，但这寥寥数语却激活了我们共同的记忆。

我接着又从双肩包里掏出两本塑料封面的笔记本："这是你们当年的值日生日记。"同学们都很惊喜。这是当年由每个值日生同学轮流写的班级日记，记录了三年当中班上每一天发生的点点滴滴。"总共有四本，我带了第一本和最后一本来。"

我打开第一本："你们看，这是第一篇日记。1984年9月1日，是汪皓同学写的，很遗憾她今天没来。好，我来读读，你们听听，你们当年进初中的第一天是怎么度过的。"

我开始读——

1984年9月1日　星期六　晴

今天是我们跨入中学的第一天，是一个新的开端，新的起点。回首昨天，我们问心无愧；今天，我们要倍加珍惜；

展望明天，我们信心百倍，一想到我们从小学跨入中学这个转折点，我们便百感交集，热血沸腾……

我评论道："你们看，当时刚进初中，写作中还有小学生作文的痕迹，是不是？'回首昨天，我们问心无愧'，嗯，一个纯洁的小学生，有什么'愧'的呢？"大家哈哈大笑。"但是，当时同学们的感情是很真诚的。"

我继续读汪皓同学的这则值日生日记——

在今后的三年，我们将留下多少闪光的足迹，写下多少动人的班史呢？忽然，我想起那一句名言，要让他人为自己的存在感到幸福温暖。

读到这里，我说："这是你们进校的第一天，我送给你们的礼物，原话是'让人们因我的存在而感到幸福！'汪皓把这句话记下来了。"

最后一段，汪皓写道——

老师宣布发新书，同学们争先恐后举起手一个个争着干。新书抢来后，同学们发现《音乐》坏了一本，都争着要，老师最后把皱书发给了那个最先举手的同学，教室里响起了一片赞扬声。

我问："大家还记得第一个举手的同学是谁吗？"33年后的

今天，大家当然不记得这个细节了，可是我记得："这位同学就是喻建中。我当时还说，我们此刻就为喻建中的存在而感到了幸福！"喻建中自己都有些惊讶，可能他自己都忘记了，同学们再次给他鼓掌。

我说："当时我其实有三种选择。第一是将这本书退回图书室换一本，第二是我随便劝哪个同学把这本书收下，这两种方式都没问题，但都不是最好的。我采用了第三种方式，就是问大家谁愿意要这本封面破了的教材，结果你们每一个人都把手举了起来。这个细节我曾经写进一篇文章，谈教师如何利用班集体中的美好因素，反过来去影响这个集体良好班风的形成，也就是说，所谓教育，并不是说我们老师要给同学们灌输多少美好的品质，而是尽量发现并扩大同学们身上本身就有的美好的因素。当时，我就举了喻建中这个例子。那天还有一个类似的例子，就是放学后搞卫生，我也是请同学们自愿留下来做的。"

汪皓的日记刚好也记录了这件事——

下午放学的时候，天已经很晚了，可是有六个同学不顾家远，留下来打扫卫生，直到教室公区扫干净才回家。

五

我又拿出另外一本绿色封皮的日记本，说："这是当年梁汉明转学时，送给我们的。扉页上还写明'送予全班同学，作班记'。"我走到梁汉明身前，把笔记本给他看。他翻开扉页，用手机拍上面的字：

送予全班同学，作班记。谢谢！

你们的同学　梁汉明　1986.7.8

我继续说："我还记得当年我们给梁汉明开了一个班会欢送他。在那次班会上，同学们问了他许多问题，有同学问梁汉明喜欢吃什么。他的回答是：'凡是能吃的我都吃。'我问的问题是：'梁汉明，你以后打算长多高？'他的回答是：'一米八五。'"同学们都笑起来了，梁汉明也笑了："这个目标我没有达到。"梁汉明现在虽然没有一米八五，但也有一米七左右，比起当年的小不点，那可以说是很"魁梧"了。

我说："我现在很感慨，当年的小不点现在都当爸爸了，也带了一个小不点来！同学们，在这个场合，我和你们的感觉不一样，我现在老浮现出你们当年的模样，刚小学毕业，一个个都那么天真可爱！而且你们在我的印象中，有许多细节，比如，梁汉明有一次和薛梅打起来了，我狠狠地批评了他们，说了一句很刻薄的话：'你们真要一决雌雄啊？'"同学们都笑了。"还有，比如陈晓蕾，初中毕业后来看我说：'李老师，你一直把我的"蕾"读错了，应该是三声，而不是二声。'邱梅影那时和赵刚同桌，经常哭着来跟我告状，说赵刚怎么怎么欺负你了，而现在邱梅影的女儿都读大学了。董洁进校第一天便住院了，我还和同学们去医院看你，今天董洁把儿子也带来了。还有宋平，第一天上课作自我介绍时，宋平说因为考上了乐山一中，家里还给他买了一块手表,边说边得意地扬起手腕给大家看。还有一次,彭艳阳、任岚和周磊三位住校生买了一个笔记本作为生日礼物送给我。还有很多这样的细节。"

我又扬起梁汉明送的日记本,说:"这是我们班的最后一本日记。刚才大家听了你们进校第一天的日记,那么最后一天呢?我们来看看。"我翻到最后一则日记,"这天是何英写的,她今天也没来,我帮她读……"

我开始读——

1987年7月3日　星期五　晴

再见了,未来班;再见了,同学们!

未来,是彩色的;

未来,是绚丽的;

未来,挥动着巨大的画笔,

未来,散发着颜料的芬芳……

每一片绿色里,

萌动着诱人的幻想;

每一片黄色里,

蕴藏着震寰的力量;

每一片红色里,

突奔着澎湃的热情;

每一片蓝色里,

跳荡着青春的激昂!

春的初融……

夏的清凉……

秋的硕果……

冬的戎装……

未来的土地上，

已种下一片绿色的希望！

六

我问："记得这首诗是谁写的吗？"

大家摇头，表示不记得了。

我说："是赵刚写的，还印在你们的毕业纪念册的第一页。"

我继续读何英的班级日记——

1987年7月3日上午8时半，这是每一个作为未来班成员的人都不应该忘记的时刻，这是全体未来班同学的最后一次聚首。李老师最后一次与我们交心，也是同学们最后一次互赠留言，甚至也许是同学之间最后一次见面，最后一次在一起说知心话……在这什么都是最后一次的一天里，我有幸接受了未来班给我的最后一次任务：记下这所有的最后一次！

我缓缓读着，同学们静静地听着，我们都沉浸在1987年7月3日的那一天了。

我读到了何英同学描写的当时教室里的布置——

黑板上的字照例是由班长程桦所书："再见了，未来班；再见了，同学们！"底下是两段小字。

左边一段是——

如果命运朝你的胸口打了一拳，不要后退。无论如何要前进！这才是勇敢。

——奥斯特洛夫斯基

右边一段是——

不管时代的潮流和社会的风尚怎样，人总可以凭着自己高尚的品质，超脱时代和社会，走自己正确的道路。

——爱因斯坦

这两段话可以看作是李老师要给我们讲的中心内容，这是他对我们的要求和希望。从这两段话中，我们可以感受到李老师那颗饱含忧虑，同时又充满欣慰与鼓励的心！

……

我是一个转校生，在这个未来班只生活了一年，但是我对这个活泼开放、团结友爱的班集体的感情远比以前曾经生活过五年、两年的班集体深厚。因为这个班给予我的温暖远比其他班多。记得我刚转到这个班的时候，也就是1986年9月1日那一天，同学们为了欢迎我们三个转学生：吴霜、郭丽和我，专门为我们举行了联欢会。又因为这一天恰好是我的生日，同学们又向我赠送了生日礼物，虽然礼物只是一个笔记本，但因为这是我有生以来第一次收到同学赠送的礼物，所以它在我记忆中比其他任何礼物都要贵重,它代表的是同学之间的互相关怀。

……

要说的实在太多太多,最后让我们记住李老师常说的这句话吧:"我们虽然无力改变这个社会,但我们可以努力把自身变得完美一些,这样,社会便少了一份垃圾,少了一个丑恶的灵魂。"如果大家都能这样从"我"做起,我们的民族、我们的社会、我们的国家,不是大有希望吗?

"这就是我们班最后一天的日记。"我说,"往前翻,倒数第二则日记,是彭可嘉同学写的,写的什么呢?我们请彭可嘉同学自己读读30年前写的值日生日记吧。"

七

彭可嘉同学接过日记本,翻到她当年写的那一页,开始朗读——

1987年6月25日　星期四　天气阴

这是一个同学们老早就翘首以待,提起却又忐忑不安的日子。老早,便有同学静候在教室门外,等待着老师,等待着尚未得知的考分。那急切不安的心情,早写在了脸上,渗进了言语。

……

彭可嘉的朗读,把大家带回到30年前等待中考分数的时刻。

写完了同学们得知分数后的各种神态和心情后,彭可嘉写道——

望着我们三年以来朝夕相处的老师,那位我自认为异常坚强,轻易不会动感情的李老师,我却感觉到他的声音是发涩的,眼镜后的眼睛里也仿佛闪着泪花儿。我真愿全班同学给他发誓,你的学生绝不会辜负你的。可我只能自己在心中发誓:我相信自己,我会把握自己,即使将来我处在普通的岗位,我也会尽力的。

……

"值日生:彭可嘉",她读完最后一行,同学们为她鼓起了掌。

我说:"我一直认为,每一个同学只要做最好的自己,就是最优秀的!乐山一中是百年名校,但许多杰出的人才并不是学校培养的。我的学生中也有后来成为杰出人才的,但我从来不认为是我培养的,人家成为杰出人才首先是其天赋高,再加上良好的家庭教育。比如,我的一个学生后来成为著名作曲家,他对我很尊敬,但我知道他的成名和我关系不大,没有我,他一样会成为著名作曲家。同样,没有乐山一中,郭沫若一样是郭沫若。所以学校的荣耀不是仅仅看出了多少名人,而是看培养了多少善良正直的普通劳动者!所以我说,我一直为你们而骄傲!"

八

我继续从双肩包里掏"文物"。我拿出一叠杂志和报纸:"大家看,这是你们当年发表过作品的报刊。"我一边翻检,一边给同学们介绍:"这几期《读写园地》杂志,上面有沈建、王伟、程桦同学的作文。这是《中学生读写》杂志,上面发表了黄靖同学的作文《陈老太和她的猫》。这是《中学生》杂志,上面有吴涛、潘芳奕、陈晓蕾和汪皓同学的文章。这本《现代中学生》,发表了赵刚、沈建、罗晓宇、张锐等同学当年写的小诗。我们请赵刚同学来读读他当年写的一首诗吧!"

赵刚站了起来,翻开杂志上有他作品的那一页,开始朗读——

星 空

深蓝的天空,
好似一盘棋。
闪烁的星星,
就是一颗颗棋子。
有的地方密,有的地方稀。
可是究竟谁胜谁负,
永远是个谜。

同学们忍不住鼓掌喝彩。

我说:"面对星空,赵刚的想象非常丰富。我前几天还在新西兰南岛的特卡波湖,那里的夜空被列为世界星空保护区,晚上的星空特别美,如果赵刚到了那里,不知会写出怎样美妙的诗呢!"

我拿出一本《读者文摘》(后来的《读者》),说:"这上面有后来潘芳奕同学发表的诗,请潘芳奕同学给大家朗读当年的诗作。"

潘芳奕接过《读者文摘》,开始朗读——

小 景

窗前
下了一场梨花雨
白色与我
青色寄给你

树下
拾起几片落叶
清新与我
红晕赠给你

发际
掠过一阵柳絮
轻盈与我
温柔伴着你

唇边

绽开两朵笑靥

恬美与我

清醇酿给你

此刻

滑出一行小语

心跳与我

不解留给你

潘芳奕读完，热烈的掌声再次响起，同学们啧啧称赞。

九

我又说："更多的文章没时间请同学们读了，我这里给大家展示一下报纸就是了。这是《少年文史报》，上面有王伟写喻建中同学的文章，题目是《我们学校的活雷锋》，你们看，发表在头版头条啊！这也是《少年文史报》，上面有杜英的文章《观赏牡丹的联想》。这张《乐山报》上有当时八小组同学的调查报告《街头错字知多少——乐山市街头错别字调查》。当年我组织同学们分小组走出校园去搞社会调查，有的去乡下，有的去工厂，八小组的同学就上街找错别字。今天八小组的同学来了谁？"阚林和刘彤举起了手。

我说："你们看，这后面还署着你俩的名字呢！还有，这张《乐山报》上发表的是我们班凌云文学社的同学致全市少先队员的一封信,号召大家抵制庸俗读书,远离不健康的小报、录像。这张油印小报《凌云》,是我班凌云文学社的作品,还是张锐刻印的。"我把小报给张锐看。

我又拿出一叠发黄的本子和单页:"这是我保存的你们当年的作文本,还有你们写的总结、入团申请书,等等。"其实,我只拿了一部分来:潘芳奕的作文本、宋映容的入团申请书、董洁写的游记,邱梅影、彭毅、宋平等人的总结《初中三年思想发展的历程》,以及同学们写的随笔等,还有当时我们结交的友谊班——北京外国语学院(现在的北京外国语大学)日语班同学的来信。我甚至还给陈晓蕾带去了她当年的学生证……

还有一本特殊的书——我班当年的毕业纪念册,也是我班的班史,上面还留着同学们给我写的赠言。

这些发黄的纸张上,写满了同学们昨天的精神世界,也记载着我的教育青春。

本来还有一大段录音,是这个班的学生当年的声音:他们的课堂讨论,他们的歌咏排练,他们的班会活动……可是时间已经不早了,只好以后再找机会放给他们听了。

最后我说:"我们班的聚会,或者说,凡是我教过的学生搞聚会,肯定有和其他学生搞的不一样的地方。我们不仅仅是吃饭唱歌,游山玩水,我们还有这么多的'文物'!这些'文物'让时间倒流,让我们回到了过去的现场。刚才刘老师说我喜欢音乐。我突然想到,有三个因素,让我30多年的教育色彩可能要比其他老师丰富一些,这三个因素就是文学、音乐和摄影。你们看那么多的黑白照片，都是我当年拍的，而且还是我自己冲印的。如果没有文学、音乐和摄影，我的教育生活，你们的中学时代，会少许多情趣。当然，教你们的时候，我很年轻，不成熟，现在想起来，教育上也有一些问题，比如，我觉得我当初还是强势了一些，这个强势不是指我管理严格，而是说我对你们的精神世界还是不够尊重，不够宽容。你们现在也当爸爸妈妈了，也要教育孩子，要特别注意尊重孩子的心灵世界。说到教育孩子，我给你们提点建议，就是一定要帮助孩子养成三个一辈子都能保持的好习惯：第一，阅读的习惯，让孩子永远喜欢阅读，以后长大了，不管做什么，都还喜欢读纸质书；第二，健身的习惯，这个就不用多说了；第三，礼貌的习惯，这是做人的教养。有了这三个好习惯，你的孩子将来不管做什么，都一定会是一个幸福的人。好了，我今天这堂课严重拖堂，对不起大家了。谢谢！"

同学们热烈鼓掌。

十

中午聚餐，觥筹交错之间，师生互致祝福与感恩。

下午，同学们去峨眉山漂流。赵刚和我同划一条漂流船，遇到激流，我俩共同搏击，他总是想方设法保护我；船至平湖，我俩聊天。他说："李老师，你上午说你的教育因为有了文学、音乐和摄影而让我们多了许多乐趣，其实还有一个因素，就是旅游。因为你喜欢旅游，视野开阔，所以我们也受益很大。当然，说到底，还是你有教育情怀！"

喻建中、邱梅影、陈晓蕾、彭可嘉、王伟、刘忠斌、卢婕、卢文昭、王鸿、宋映容、阚林等同学也划了过来,我们互相打水仗;遇到激流,我们一起穿越惊涛骇浪,笑声随浪花飞溅。

  想到30年前我曾带着他们在岷江之滨玩水,并搞篝火晚会,通宵狂欢,我对同学们说:"我想了一副对联,上联是'三十年前我带你们耍',下联是'三十年后你们带我耍',横批是'都好耍'。"

  同学们哈哈大笑。

2017年8月7日

别让将来退休后的记忆里
只有"辉煌的分数"

这次我去厦门,见到了 30 多年前的学生潘芳奕。从 1984 年 9 月到 1990 年 7 月,我教了她六年(从初一一直到高三)。我现在都还记得初中的她那副"野小子"的样儿,嘻嘻哈哈,风风火火,常常手握棍棒,"张牙舞爪",十分调皮,也十分可爱;高中时稍微文静些了,举止大方,阳光开朗,颇有组织能力,高二曾担任班长。还有一点在高中显露出来了,就是她出众的写作能力,作文越写越好了。后来她爱上了写诗,90 年代初曾在《读者文摘》上发表诗作。当时她读大一。

毕业后,我们断断续续一直有联系。记得 1991 年我在庐山讲学时,她在庐山旅游,师生邂逅,格外惊喜。几年后她旅行结婚回四川,专程来成都看我。总之,只要回四川,她都会来看我。最近的一次见面,是前年在高 90 届 1 班毕业 25 周年聚会上。

不对,要说"最近的一次见面",应是这两天在厦门。我应邀到厦门讲学,在厦门工作的潘芳奕自然要来看我。她现在是某企业的董事长,不晓得算不算"企业家"。昨晚在饭桌上,我们聊到了当年班上的许多往事,比如我给他们开展过的活动,读过的小说和报告文学，等等。我说我至今还记得她的生日是12月27日，记得她初一时，站在街边汽车引擎盖上手舞木棍的样儿。

饭后，她特意邀请我去看她公司的"时代美学馆"，里面陈列着许多绘画、雕塑等艺术珍品，包括毕加索和吴冠中的作品。我邀请她今天来听我的报告。"我的报告其实就是讲故事，有你和你们这个班的故事。"我说。

下午，"潘总"在百忙之中抽空来到会场。我讲我教育中的诗情画意，讲充满人性温度的师生故事。我特别讲了潘芳奕的故事，同时在PPT上打出了她中学时代的照片：竹林深处的嬉戏、运动会长跑、烈士墓前的沉思、采访日本友人……这些黑白照片，都是我当年给学生拍摄的，也是我自己冲印的。

我拿出《爱心与教育》一书，翻到第18页"学生们的'秘密行动'"一节，朗读了起来——

其实，历届学生对我的爱才真正值得我"永远记住"。

更使我感动的是，我的学生不止一次"爱屋及乌"——因为爱我，进而爱我的家人。比如，1987年底，我爱人生了孩子后，当时的高87级1班学生竟背着我每人从家里拿了一些鸡蛋来，然后趁我外出开会的时候，送到我爱人的床前！

类似这样的"秘密行动"已不止一次。这里，让我再全文引用一篇学生的作文，作者潘芳奕从读初一到高三毕业整整六年，我都任她的班主任，这篇文章是1986年她读初二时写的，记叙的是那年秋天的事……

读到这里,我停了下来,说:"潘芳奕是我的优秀学生之一。当年我出差,从不要学校安排代课老师,我的课都是交给学生上。潘芳奕就当过我的'代课老师',给同学们上过课。她后来还担任班长。她今天也来到了现场。"

听了我的话,全场老师惊讶地四处张望,寻找潘芳奕。

潘芳奕从前排站了起来,全场响起了掌声。潘芳奕给大家鞠了一躬,然后自我介绍:"我叫潘芳奕,是李老师的学生。从初一到高三,李老师教了我六年。现在在厦门工作。"

我把《爱心与教育》交给潘芳奕,对全场老师说:"还是请潘芳奕亲自来读她当年这篇作文吧。"老师们再次鼓掌。

潘芳奕从我手里接过《爱心与教育》,翻到第18页,开始读她初二时的作文——

秘密行动

"给,这是鸡蛋、苹果。哦!还有橘子……"我小心翼翼地接过一件件慰问品,按捺不住内心的高兴。一边又回过头去瞥了瞥正站在跑道那边和同学们谈话的李老师:他并没有发现我们的行动!我不禁为我们这神不知鬼不觉的行动而感到得意……

前两天,我们发现李老师心情很不好,有时还对同学大动肝火。经我们了解,原来李老师的妹妹因病住院了。病情很重,动了两次手术还不见好转。李老师一天到晚在医院、学校来回奔波不停,还要利用休息时间为我们读小说,晚上还要家访……心情怎么会好呢?

对于李老师,同学们都十分了解和敬重。他为我们操的心远远超过了一般班主任的职责范围。就说最近吧,他妹妹住了院,需要营养,这使本来经济就不宽裕的李老师面临"经济危机",但他仍然继续为班上购置图书,上周男同学买足球,他又把刚刚收到的一笔稿费捐给了他们。

想到这些,我们心里很不踏实。

于是,一个个小脑袋开始凑在了一起:

"我们自己去看李老师的妹妹,好不好?"

"好倒是好。可他妹妹住在哪个医院,姓名等情况,我们都不知道。"

大家一阵叹惜。

可这个难题还是被我们解决了。我们在同李老师谈话时,有意把话题往他妹妹生病的事上扯,结果李老师无意中说出了他妹妹住在市红十字医院。至于他妹妹的姓名到时候再说吧!

我们班委开了一个秘密会议,一致决定:明天学校将在市体育广场开运动会,大家从家里一人拿一个鸡蛋或苹果什么的,凑合成慰问品,然后我们中午去医院。放学后,李老师刚离开教室,班长吴涛就对全班同学宣布了这件事。同学们的回答是那么响亮!

这天早上,我还有些担心:大家可别忘了,或者出什么岔子,让李老师发现了。

到了广场,一看吴涛的提兜里,早已有了20来个鸡蛋,还有一些苹果。一贯调皮捣蛋的谈俊彦出人意料地拿了12个鸡蛋来！陆续来的同学一个个从身上各个部位变戏法似的掏出鸡蛋、水果。我十分感动：同学们对我们的李老师是多么热爱啊！

运动会开始不久，有同学来向班委报告，听说李老师中午放学后也要去医院看他妹妹。我们当机立断：一定要抢在李老师前面到达医院！程桦、杨毅自告奋勇当了"先遣队"。程桦谎称"肚子不舒服，要由杨毅陪着上医院"向李老师请了个早退假，便提前离开了。他俩一出广场便骑车飞奔去医院打听李老师妹妹的姓名和病房……

中午李老师一宣布"解散"，同学们就行动了起来。我和吴涛，还有谈俊彦、李毅、韩广州、喻建中、彭可佳等十几位同学赶在李老师前面，向医院跑去。

进了医院，等候在大门口的程桦、杨毅带领着我们一路跑步进了李老师妹妹的病房。她躺在床上，脸色苍白。看到我们提着东西进来，很快就明白了是怎么回事，十分感动。

"还让你们提东西来看我，怎么感谢你们呢？"她欠起身子不停地谢着，"我哥哥知道不？"

我们忙说："不知道，你可千万别告诉李老师，不然他会批评我们的。"

我们手忙脚乱地把鸡蛋、水果一股脑儿地放在了床前的桌子上，塞进抽屉里、脸盆里、碗里、杯子里……门口这时已站了好些其他病房的病人，他们都惊讶地看着我们，不明白发生了什么事。可我们顾不上这些，时间对我们来说十分

记 忆

珍贵。因为李老师随时都可能进来。我们匆匆放好慰问品，向阿姨说了声"再见，好好养病"，便迎着一双双好奇的目光，一溜烟出了病房。

刚下楼，跑在前面的程桦便慌慌张张跑回来了："不好！李老师已经进了医院大门！快隐蔽！"我们吓得马上回头躲在了旁边一个小房子的后面，大家都蹲着，尽可能低地埋着头。我们屏住呼吸，只听见自己的心在紧张地跳着，同时又是那样兴奋，一下子觉得自己真像电影里搞地下工作的情报员。李老师的脚步声越来越近了，他从我们身边走过去。呀，他竟没有发现我们！

等他的背影越来越远了，我们才一下站了起来舒了一口气，大家雀跃着，一阵风似的冲出了医院，像完成了一项重要使命。这时我的心像长了翅膀一样，飞向那蓝蓝的天空……

老师们非常认真地听着，会场特别安静。当她读完最后一句时，全场响起了热烈的掌声。

我说："这篇作文，是我和学生们共同的温馨记忆。这样的记忆还有很多。比如，1986年5月，也就是整整31年前，全班同学给我过生日。我走进教室上课，孩子们突然起立，说'祝李老师生日快乐！'然后给我送上各种小礼物。几年后，他们读高三了，再次突然袭击给我祝贺生日，学生们对我的确太好啦！我还要特别说明的是，当时我作为一个刚工作没几年的年轻教师，完全谈不上经验和智慧，相反，作为一个小伙子，性格急躁，完全不懂教育艺术，常常骂学生，伤害他们的自尊心，可他们还对我这么好！"

我说的是真话。近年来，想到我年轻时的一些事，深感内疚。但学生的胸襟总是那么开阔，从不记恨老师，他们记住的全是老师的好。昨晚在饭桌上，我说潘芳奕很优秀，和我没关系的。我一向认为，优生之所以优秀，主要是因为人家父母的家庭教育好、学生自己的天赋高以及勤奋，和老师关系实在不大。可潘芳奕却说："我真的感到，中学六年李老师对我的影响很大。"

最后，我对老师们说："每一个老师要想想，等你退休以后回想你的教育人生时，除了一届又一届辉煌的高考分数，还有什么？如果你的教育给学生和你自己留下的只有分数的记忆，那你的教育不能算成功，你也不能算是一个真正幸福的教师！"

报告结束后，谈及今年暑假将举行的初中毕业30周年聚会，她说她一定会回四川的。我说："好，我们8月再见！"

我和潘芳奕握手告别，她却说："李老师，我想和你拥抱一下。"

当我俩拥抱时，我一下回到了30多年前，眼前的"潘总"又变成了当年那个调皮可爱的小姑娘……

2017 年 5 月 20 日

桃李满天上

——万米高空上和空姐的一段美丽邂逅

前天,我乘飞机从成都去呼和浩特。

刚登机进入舱内,便有一空姐走过来:"请问,您是李先生吗?"

我点头:"是的。"我心里很纳闷,因为这是空姐对金卡会员的"待遇",我坐国航飞机已经习惯了,但今天我坐的是川航飞机呀,我并非川航金卡会员。

她听了我肯定的回答,马上说:"李校长,我是您学生。"我仔细看了看她,很茫然,因为我不认识她。

她说:"我是武侯实验中学2010届的学生,您是校长,还在我们班上过课呢。"

原来如此。

一下子她在我眼中变得亲切起来。我们聊了几句。

我问她是哪个班的,她说最开始班主任是唐文老师,后来进入初三便换成邹显惠老师了。

一听说"邹显惠老师",我便说:"那你们班上当时调皮学生肯定很多。"

她说:"是的是的。"

因为邹老师是我校一位特别善于教育、管理调皮学生的老师,所以专门让邹老师去担任班主任。

我问:"还记得我们的校训吗?"她愣了一下,我说:"让人们……"她赶紧接下去说:"让人们因我的存在而感到幸福!"

我问她叫什么名字,她指着胸牌说:"李义然。"

她说初中毕业后,她读的是航空职业学校,毕业后来到川航,做了一名空姐。

教书36年来,我的学生从事各行各业的工作,无论他们是业界大腕,还是普通劳动者,只要善良、勤劳,都是我最优秀的学生。比如眼前的李义然同学,我真的为她骄傲。

我请旁边的乘客给我们照了一张合影。看着照片上的她,我想到了我还有一位学生也是空姐,还有几位男生当了飞行员呢!

想到这里,我非常得意——我现在不但桃李满天下,而且桃李满天上!

晚上,我在电脑上找到了当年去给他们上课的文字实录。记得当时唐文老师感到班级管理有些棘手,向我求助,我便去给他们上了这堂课,时间是2009年4月16日。

我把这篇课堂实录发给了李义然——

留住童心

2009年4月16日上午,第一节课,我去唐文老师班上上班会课《留住童心》。

走进教室，有的同学趴在桌上，有的虽然没有趴在桌上，但东张西望。一看就是一个纪律涣散的班。大家见我进来了，却没有人鼓掌。后来，唐文对我作了介绍，大意是说，班上最近情况不太好，李校长在百忙中来给我们谈心，让我们对李校长表示欢迎。同学们这才不太热烈地鼓掌。

我决定从掌声说起："我到过很多班上课，这是第一个没有鼓掌欢迎我的班。我不怪大家，因为如果大家违心地鼓掌，我也不舒服。但是，我希望我今天这堂课结束的时候，同学们能够发自内心地鼓掌。"

同学们还是漠然地看着我。我想，必须先用一个话题吸引大家。

"我先考大家一个问题。"我说，"请问，'儿童'是指多少岁以下的人？"

果然，这个问题引起了大家的思考，不少同学纷纷发言："8岁""6岁""12岁"……课堂开始活跃起来。

我说："都没说对。关于'儿童'的概念，有国际标准和国内标准。国际标准是18岁以下的人，比如，《儿童权利公约》就是这样界定'儿童'的。国内标准呢，是以14岁为界，因为年满14岁就可以入共青团了。那么，请已经满了14岁和今年满14岁的同学举手。"

同学们都把手举了起来。

"嗯，那就是说，在座的同学已经告别或即将告别儿童时代。然而，我们在告别童年的时候，是否把童心也告别了呢？今天，李老师给大家带来的话题就是——"我一边说，一边在黑板上写下四个大字:"留住童心"。

我说:"每天看报,都会看到一些关于犯罪分子的新闻。比如最近,报上说一个警察喝了酒,与人发生纠纷,他拔枪就把对方杀害了,最后被判死刑。我看到这些新闻就想,难道这些人生来就是犯罪分子吗?最近我班的孩子对我说,初三一些哥哥姐姐抽烟,行为习惯不好。那天在公共汽车上,几个初三的姐姐把脚放在前面的椅子上,弄脏前面坐着的阿姨的衣服,阿姨批评她们,说'你们老师没有教育过你们要有教养吗?'几个姐姐不接受批评,还说'没教过,没教过'。我想,这些孩子从小就是这样的吗?无论是犯罪分子,还是行为习惯不好的学生,包括我们每一个人,来到这个世界上的时候,都是纯洁无瑕的。我现在还保留着我几个月大的照片,照片上的我白白胖胖、傻乎乎的。其实每个同学都可以拿出这样的照片。照片上的婴儿,就是'赤子'!这里的'赤'不是红色的意思,而是'纯洁'的意思。我们每一个人来到这个世界,都是一样的纯洁。可是——"

我开始放慢语速,缓缓深沉地说:"我们是什么时候,在什么地方,通过什么事开始慢慢变得不那么纯洁甚至开始堕落的?每年初一的孩子进校,都是那么天真无邪。我现在都还记得去年我迎接我班孩子的情景,在教室里,刚进中学的孩子们用一双双明亮清澈的眼睛看着我,让我感动。其实,你们当初也是睁着这一双双明亮清澈的眼睛走进我们学校大门的。可是,从什么时候开始,这明亮清澈的目光变得浑浊起来?从什么时候开始,你习惯于用不屑的表情斜着眼睛看人？从什么时候开始，你变得什么都满不在乎，变得玩世不恭起来？从什么时候开始，你的言谈举止、发型、穿戴变得像个社会上的小痞子？"

同学们都抬起头看着我，专注地听着，每双眼睛闪烁着清澈的光泽。

"现在，我再作个秘密调查。所谓'秘密调查'，就是每个同学都不知道其他同学的答案。这样吧，每个同学都趴在桌子上，把头埋在胳膊里，然后听我说题目，以举手或不举手表达你的意愿。"

同学们乖乖地趴在桌上了，都把头埋下。有个别同学埋下头之后又抬起头，好奇地看别人。我说："快把头埋下！如果你看别人，就是作弊。"于是，每个人都趴下了。

我开始说调查题目："第一，你是否愿意做一个善良而上进的人？请想想再举手。"慢慢地有同学举手了，一个，两个，三个，五个……最后大多数同学都举手了。我数了数，共39人。

我继续说："第二，你对自己满意吗？"这次绝大多数同学都没有举手。只有两个同学举起了手。

"第三，"我接着说，"你是否愿意自己的班是一个充满正气的班集体？"多数同学渐渐举起了手，我数了数，共44人。

"最后一个问题：你对自己的班集体满意吗？"也只有两个同学举手。

调查完毕，我请同学们抬起头，坐直。

我说："非常感谢同学们和我配合完成了调查，你们能够表达真实的意愿，我很高兴。不过，我现在还要继续调查，请大家拿出纸和笔，书面回答，你对自己为什么不满意？"

同学们开始写了。我问一个男生："你为什么对自己不满意？"

他说："我行为习惯不好。"

我说："能具体说说吗？"

他说："我吸烟。"

我说："吸烟是不好。但现在我要表扬你，第一，你认为吸烟是不好的行为；第二，你公开承认自己的错误；第三，你向校长承认错误。所以我表扬你，因为你童心未泯。请坐。"

我又问另一个女同学："你能说说你为什么对自己不满意吗？"

她说："我学习不认真，很懒。晚上回家不想做作业。"

"嗯，"我说，"我也要表扬你能够认识到自己的不足。"

我对同学们说："这两个同学，一个是对自己的行为习惯不满意，一个是对自己的学习态度不满意。这两个方面刚好代表了我们平时的两大不足。"

其他同学继续写纸条。

我又问："你们为什么对自己的班不满意呢？请你说说，好吗？"我走到一个男生的面前，向他示意。

他站起来说："我们有些同学爱欺负人。"

我有请另一个男生回答，他也说："有同学老欺负人。"

我问他:"你欺负过同学吗?"

他说:"没有。我老被人欺负。"

我说:"嗯,欺负同学,这的确非常不好。人与人之间都是平等的,没有任何理由不尊重别人,更没有理由欺负别人。"

在我和几位同学对话的时候,其他同学的纸条都写完了。我请几个同学帮我收了上来。

我说:"同学们能够看到自己和班上的不足,这就表明你们有进步的愿望。我们今天的主题是'留住童心'。有童心的人,有教养,懂礼貌,有上进心,尊重别人,善良,正直。遗憾的是,现在并不是每一个学生都是这样的。随着年龄的增长,他们的童心并没有留住。"

我开始谈我女儿的感受:"我女儿现在在法国留学,她刚去法国的时候需要租房子,结果她发现,好多法国人不愿意租房子给中国学生,而宁愿租给日本人、韩国人。因为我女儿的模样有点像韩国人,她又会说韩语,法国房东误以为她是韩国人,所以她比较顺利地租到了房子。法国人为什么不愿意租房子给中国人呢?因为现在许多在海外的中国留学生形象实在太糟糕了。在法国人眼里,中国留学生没有教养,谈吐粗俗,不讲卫生,缺乏诚信,不求上进,只图享乐……这些中国留学生的言行给中国人丢脸,也让外国人看不起中国人。10年前,我去法国参观巴黎圣母院,排很长的队,终于走到圣母院大门口了,我看到门口上方挂着一张大纸,上面写着两个大大的汉字'沉默'。我当时没有多想。多年后,我的一个朋友从泰国旅游回来,对我说,在泰国好多地方都有'请勿随地吐痰''请勿乱扔果皮纸屑'等提示的牌子。开始他还很得意,心想,看来外国人也不讲卫生。结果导游告诉他,看看有没有非中文的提示牌,他一看,果真没有。导游说,这是专门写给中国人看的,因为中国人最不讲卫生。我听的时候猛然想到那年在巴黎圣母院看到的那张写有'沉默'的纸,也只有中文,没有其他文字的提醒。看来也是专门提醒中国人的。你们看,这就是他们眼中中国人的形象。"

教室里非常安静。我继续说:"好,我把话拉回到咱们班。每一个同学想想,懂礼貌,讲卫生,勤奋好学,尊重别人,这是不是从小就懂得的道理?你现在还保留着你小时候的纯真可爱吗?"

我把话题一转:"当然,我们也不是没有过善良上进的时候,但我们没有能够战胜自己。每一个人的心灵深处,都有两个自我……"我在黑板上写下"两个自我"四个字,"一个高尚,一个卑下;一个勤奋,一个懒惰;一个勇敢,一个懦弱;一个善良,一个邪恶……著名翻译家傅雷在翻译《约翰·克里斯朵夫》的时候,在扉页上写道:'真正的光明决不是永没有黑暗的时候,只是永不会被黑暗所掩蔽罢了;真正的英雄决不是永没有卑下的情操,只是永不被卑下的情操所征服罢了。'说的也是两个'我'的搏斗。关键是哪个'我'占了上风。举个例子,晚上在家学习,你想玩了,心里就开始犹豫了,是学习,还是玩儿呢?很多时候,你会对自己说:'还是休息

记 忆

吧,身体是革命的本钱啊!再说,我是去喝水嘛!我是去吃水果嘛!'你就找许多理由安慰自己,原谅自己。到客厅喝水的时候,你手里端着杯子,眼睛却盯着电视节目。一晃时间就过去了,学习任务也没完成。你们看,这时候,懒惰的'我'就战胜了勤奋的'我'。"

我给他们讲我过去的一个学生的故事:"我以前教过一个学生,叫邹冰。这个学生缺点非常多,打架、旷课、不做作业,等等。但我就跟他反复讲两个'我'的道理,讲战胜自己的道理。后来他决定战胜自己,可又实在管不住自己,便要求和班长同桌,请班长监督他。慢慢地,经过班长的帮助,我也多次教育他,当然,更重要的是他自己战胜了自己,他终于进步了。虽然我多次狠狠批评他,可他对我感情很深。高中毕业的时候,他没考上大学。那时候我已经到盐道街中学外语学校工作,他便给我打电话说要到我学校插班补习,继续做我的学生。我对他说,我现在教高一,没教高三。他说,不要紧,只要每天能看见老师就行。于是我便联系让他来到我所任教的学校补习,我还请他到我班上给同学们讲他以前班上的故事,讲同学们怎么帮助他。再后来,他当兵去了。有一年回成都,下了火车他打的回家,特意让师傅绕道到我家来看我。门一开,我一看是邹冰,连忙叫他进屋,可他不进来,说出租车还在下面等他,他就来看我一眼,说过几天再和其他同学来看我。看着他离去的身影,我非常感动!这个孩子当初多么气我啊,可他终于有出息了!"

同学们听我讲的时候，非常专注，都凝视着我。整个教室一片安静。

"我今天给大家讲邹冰，就是想告诉大家，只要你有上进心，肯定就能够进步！老师帮助你，真的都是为你好。现在你可能不一定能够理解老师，但你长大后懂事了就一定能够理解。邹冰来看我，曾说：'哎呀，以前李老师批评我，我不理解。现在知道了老师是为我好。我当初怎么那么糊涂啊！'现在唐老师也经常批评你们，你们应该理解唐老师的一片苦心，不要等到将来才理解唐老师。我告诉大家，唐老师是一个非常优秀的老师，在我们区都是很有名的物理骨干教师，所以经常有些学术活动需要他参加。去年我对唐老师说：'作为一个真正优秀的老师，还必须当班主任。'唐老师说：'好啊，下学期我就当班主任。'可是没想到，唐老师当你们的班主任当得很痛苦，因为同学们太不懂事了。唐老师特别善良，脾气也很好，一片好心来当你们的班主任，付出得太多，你们知道的，唐老师的孩子还很小……"

我说到这里，许多同学都点头，表示知道。

"那么，你们这样不听话，气唐老师，这不是太欺负人了吗？再说了，唐老师即使再痛苦，也不过就一年多的时间，等你们毕业了，他就解脱了。可是耽误了学业，你们一辈子吃亏啊！所以，同学们一定要珍惜唐老师，听唐老师的话。"

我又说到我自己："没有人不犯错误的，李老师也不例外。你们想听听李老师中学时犯过的错误吗？"

同学们都说:"想听。"

"好,那我就讲讲。"我说,"你们说,李老师那时会犯什么错误呢?"

有同学说:"逃课。"

我说:"不可能。李老师从小学到大学,成绩都很好,从来不会在学习上犯错误。而且李老师当时也算是一个优秀的学生。记得初一的时候,我们的成绩很烂,于是到了初二,学校便把我们班拆散了。我是被我后来的班主任作为优秀学生抢过去的。但我也犯过错误啊!我曾经在农村上学,我母亲把我送回老家读书。有一次,老师要求我们为学校养猪场割猪草,还规定了任务,每个学生上交10斤猪草。那是严冬时节,我的手长满了冻疮,肿得像个馒头,而且我在城里长大,也不认识什么叫猪草,所以,尽管对其他农村同学来说,割10斤猪草是很容易完成的任务,但对我来说,却比登天还难。但我也不能不去割呀!于是,我拿着一个竹兜和镰刀走出学校来到田野,四处游逛,却很难找到什么猪草。我听说猪要吃油菜叶,于是只好在油菜地里摘一些发黄的油菜叶往竹兜里扔,但离10斤的任务还远得很!手越来越痛,我实在受不了了,便灵机一动,捡了两块砖头,放在竹兜下面,然后将油菜叶覆盖在砖头上,这样,我的任务便'完成'了!回到学校,我把割的'猪草'拿去过秤,居然蒙混过关了。但是,下午我的作弊便败露了,养猪的大爷在切猪草时发现了我的砖头。我遭到了班主任的严厉批评。校长专门找到我,同样严厉地批评我。校长是我父亲的同学，也是我父亲的入党介绍人。我父亲是一个非常正直的人，但他在我9岁时便因病去世了。记得校长当时说了句在我看来很重的话：'李镇西，做人第一！我不指望你将来长大后成为多么有出息的人，只希望你成为不给你父亲丢脸的人！'校长的话让我无地自容，觉得自己真是对不起父亲。"

听到我把油菜叶当猪草，同学们都笑了起来，但听到后来我挨批评，大家的表情也严肃起来。我继续说："后来读高中，我还犯过一次错误。当时我的成绩很好，班主任张老师非常喜欢我。因为我文章写得好，张老师经常当着我的面向其他老师夸耀：'这是我班的秀才！'我受宠若惊，之后便难免有些得意忘形。为了取笑班上一位年龄较大的农村同学，我在他桌子上赫然写下一行毛笔字：'祝你安度晚年！'张老师知道后非常气愤，当着全班同学的面，指着我的鼻子勃然大怒道：'李镇西！你简直被我惯坏了！……'当时我伏在桌上痛哭了很久。但我明白了我是把自己的快乐建立在别人的痛苦之上，并且我从此知道了人的尊严都是平等的，任何人都没有理由伤害另一个人的尊严。"

同学们依然听得非常专注。

我说："本周星期一，我在升旗仪式上批评了骂人说脏话的同学。同学们想想，难道我们生下来就会说脏话吗？当我们说脏话的时候，我们的童心已经丢失了！同学们一定要知道啊，你说脏话就等于在撕自己的脸皮啊！我生气和心痛的还不仅仅是有同学说脏话，更因为这些说脏话的同学在说的时候丝毫没有害羞的样子，那么自然，那么心安理得。他不知道，他每说一句脏话，就等于在向别人宣布：我是一个没有教养的人！我的爸爸妈妈也没有教养！其实，同学们说脏话的习惯也是可以改正的，这依然需要毅力，需要战胜自己，也可以让同学监督提醒你。我们班也有很多同学说脏话，但现在我可以非常骄傲地说，我们班说脏话的现象大大减少了，不敢说全校，至少在我们初一年级，是说脏话最少的班！因为同学们都互相监督提醒，每天专门有同学记录说脏话的人，还有说脏话的次数，然后及时批评提醒。因此，班上说脏话的现象就越来越少了。我相信，你们也做得到！"

时间过得很快，我看快下课了，便给同学们读了一段资料——

美国一个叫福尔姆的哲学家写了一本书《我们得回到幼儿园》，其中写道——

1987年5月，75位诺贝尔奖获得者在巴黎聚会。有人问其中一位老人："您在哪所大学学到您认为最重要的东西？"那位老人平静地回答："在幼儿园。""在幼儿园学到什么？"老人回答，在幼儿园学到：

要乐于同别人分享你的一切东西；

要公平正直、光明正大地与别人竞争；

永远不要打人；

把你找到的东西放回原处；

你弄乱的一切要由你来负责整理得井井有条;

不要拿不属于自己的东西;

在你伤害别人时要道歉;

吃饭之前要洗手;

要知害羞,要有廉耻之心;

热牛奶有利于身体健康;

要让生活过得丰富多彩;

不仅每天都有所学,有所思,还要在工作的同时作作画,唱唱歌,跳跳舞;

每天下午要小睡一会儿;

在踏入社会的时候,要随时注意交通安全;

要互相团结,彼此扶助;

要始终保持一颗惊喜、好奇的心。

面对同学们一张张专注的面庞,我说:"最后,我赠送给大家一句话,这句话是英国剧作家萧伯纳说的……"

同学们赶紧拿出笔开始记录。

"一个人感到羞愧的事越多,他就越高尚。"

我说:"对这句话我就不多解释了。非常感谢同学们这么认真地听了我40分钟的讲话。我没有想过这一番话就能够让你们每一个人、让我们班发生翻天覆地的变化,如果那样,教育也太简单了。但是只要你们能够在听我的话的同时,认真地想想自己曾经有过的童心,并有所醒悟和悔恨,我就满足了。以后我不太可能再给你们上课,但我会关注你们的,关注你们每一个同学的进步！谢谢大家！"

教室里爆发出热烈的掌声。

课后，我把学生写有调查结果的纸条给了唐老师："你可以看看，我是为你作的调查。"

2018 年 5 月 5 日

"同学情是没有血缘的亲情"

——少年时代的一段记忆碎片

现在想起来,人的生长有其生物的必然性,可人生的走向更多的却是偶然。比如我,如果当年不是因为某种偶然因素,我就不会来到仁寿县禾加中学读书,就不会结识那么一群朴实善良的小伙伴,就没有42年后,在黑龙潭水库的聚会。

什么"偶然因素"呢?前段时间我发了一组"清明思亲系列"的文章。读过的朋友也许还记得,我9岁失去父亲,后来母亲被打成"反革命",惨遭迫害,几年后,15岁的我初中毕业时却被剥夺了读高中的机会。山穷水尽之际,几乎绝望的母亲把我送回仁寿老家乡下的禾加中学,我姨妈在那里教书。于是,我在禾加中学度过了两年时光。

没经历那个年代的年轻人估计读不懂这段文字,或者觉得我写得"漏洞百出",比如:什么叫"反革命"?为什么会被"剥夺"继续学习的机会?……但我也只能这样简单说说了。总之,我是怀着屈辱与自卑从城里来到禾加中学的。

现在看来,不过是离开母亲一百多公里,似乎不算遥远。可那时交通不便,信息难通,我感觉就是到了"远方"。不过,在两年的时间里，那里的同学给我的关心，却温暖了我几十年的记忆。所以，当余正辉和高大远对我说，同学们都在打听我、联系我时，我很是感动；又说最近将在仁寿县著名风景区黑龙潭水库举行老同学聚会，我十分激动。

虽然头天我乘坐的飞机因误点而半夜才着陆双流机场，我到家已经是凌晨，但几个小时后的六点一过，我便出门了。走到电梯口突然想起了什么，又赶紧折回屋，从书房的书柜里匆匆拿了几本陈旧的笔记本带上——那是1975年6月我转学时，同学们送我的礼物。

现在方便的交通真是大大缩短了空间距离。从成都驱车一个半小时，我便到了聚会地点黑龙潭宾馆。车停好后，我刚走到宾馆门口，便看见余正辉和高大远。我们彼此都很兴奋，紧紧握手。他俩要我猜旁边的老同学。我哪猜得出来！但仔细看了看，我一下叫了起来："陈栋安！"陈栋安很高兴地握住我的手："居然还把我认出来了！"

他们说大多数同学昨天下午就到了，今天上午就等我来了之后去乘船游湖。我看到不远处一群花花绿绿、叽叽喳喳的老太太，正在照合影。我问正辉："那也是我们同学？"我其实是随口一问，心里并没有把这群老太太和我们的聚会想到一块。谁知正辉说："是呀，都是老同学。去认认！"那一刻，我从她们的外貌中感到，我又何尝不是别人眼中的"大爷"啊！无论怎样说"其实心态很年轻"或"看起来还是挺有精神的"，都掩饰不住岁月赋予我们的沧桑。

我一走过去，那群"陌生的老太太"便围上来，有的居然像老熟人一样叫我的名字:"李镇西,看你能够认出几个!"可除了孙绍丹,我一个也认不得了。孙绍丹是因为初中和高中都和我同班,而且大概十年前我们还见过面,所以我能够认出来。

我怕大家失望,突然问:"杜泽君来了没有?李志容、朱琴英来了没有?"她们说:"来了,来了!"我却暗暗惊讶:居然还来了!我拿出两本陈旧的笔记本,扬了扬:"看,这是当时我转学时,他们送我的离别礼物!"大家一阵惊呼:"居然还保留着!"我又说:"刚才我还在想,当年送我笔记本的同学,未必今天会来,结果居然都来了!"

见到杜泽君我却有些"失望",原来是女生啊!因为"杜泽君"这个名字,一直让我以为是个男生呢!李志容和朱琴英都是女生。我们都很激动。

在水库雄伟的大坝上我们照了合影,然后登上游船。刚坐稳,余正辉便请我给大家讲话。我说:"讲什么话啊?我又不是领导,我就是一个教师,教了一辈子书。不过,见到大家我很激动,的确有话想跟大家说。"我讲了当年转学到这里的原因,我说:"你们不知道,你们当年给了我多大的温暖!"我说的是事实。那时班上大多数都是农村同学,每到周末他们便回家了,而我却一个人留在学校,虽然有姨妈,虽然有时候我也回乡下亲戚家,但却没有同龄人相伴,孤独是免不了的。于是,好多同学都请我去他们家做客。我曾到高大远家玩儿,记得他住在很远的一个叫"红星煤矿"的地方;我还曾到余正辉家里玩儿,临走时他爸爸妈妈还给了我很多吃的,要我带在路上吃;陈栋安也曾带我去禾加镇上他爸爸工作的单位玩儿……总之,同学们对我真是好!"当时我转学到这里,首先感到惊讶的是,这里的同学居然不分男女界线,男女生之间可以随便说话,彼此和谐亲切,真是和我原来的学校不一样。在以前的学校里,男女生之间是绝不可能说话的。"我说。

我讲了几件往事。有一次因为一点小小的矛盾,我和同桌唐栋文都对陈栋安不满,便恶作剧地"报复"他——其实,究竟是什么"矛盾"早已忘得干干净净。而今天想起来,不过是一件"童年趣事",引得大家哈哈大笑。其实,当年陈栋安对我很好很好。我俩或许差不多大,或许他大我一岁,但他就像大哥哥一样待我。陈栋安说,他完全不知道当年我和唐栋文对他干的"坏事"。我对陈栋安说:"42年过去了,我真诚地向你表示歉意!"我夸张地说:"我要用我的余生向你赎罪!"栋安很大度地说:"没事没事!"大家又是一阵哈哈大笑。

我问:"当时班上有一个体育很好,会打篮球的女同学,叫什么名字我忘记了,她来没来呀?"大家说:"哦,你说的一定是杨春芳。"我说:"对对对,就是杨春芳。"他们说:"她没来,我们这么多年都不知道她在哪里,失去联系了。"我说:"全班女生中,她给我留下的印象特别深,可以说刻骨铭心啊!"大家很好奇地看着我,听我继续讲:"有一次打篮球,我忘记她为什么会加入我们男生打篮球,可能是她打篮球打得好的原因吧,总之,混战中她撞了我,我疼得眼冒金星,痛了好几天,但又不好跟她说。所以我至今记得她。"大家又是一阵大笑。

余正辉说:"我昨天跟大家说,李镇西今天要来,大家都很兴奋。你们看,李镇西给大家带来了多少快乐啊!"

我说:"我现在要朗读当年同学们送我的笔记本上的赠言。"同学们鼓起掌来。

掌声中,我拿出了本子,一一念了起来——

赠给:学友李镇西同学。希望你为革命勤奋学习,为革命刻苦钻研。前途是光明的,道路是曲折的!

同学李志容　朱琴英
一九七五年六月

李镇西学友——我最亲密的战友!为什么劲松会这样受人赞美?——是因为它不畏严寒,永远苍翠。为什么我俩的友谊这样牢固?——是因为"革命""学习"把我们紧紧相连。镇西啊!愿我们的友谊像雪山劲松万古长青,愿我们在不同的地方为把自己培养成为红色接班人而努力吧!

友:余正辉
一九七五年六月十七日

赠给:战友!李镇西同学,愿你像岩石上的青松顶天立地,愿你像雄鹰展翅高飞,愿你在三大革命运动中经风雨见世面,成长为优秀的共青团员!

战友杜泽君
一九七五年六月

我问大家:"什么叫'三大革命运动'?还记得吗?"同学们都忘记了。我说:"我还记得,这是当时的政治用语。所谓'三大革命运动',就是阶级斗争、生产斗争、科学实验。"

这些赠言都带有那个年代浓厚的时代气息，大家阵阵狂笑，同时又感慨万千。

我和几位送我笔记本的同学一一合影。我说："其实我保存的不只是这几本，还有呢！只是我今天走得急，随便拿了这几本。"

我说："杜泽君希望我早日成为共青团员，可见我当时离开你们时还不是团员。"他们有些吃惊。"这和我当时犯的一个错误有关。我当时参加学校劳动割猪草，但因为手生了冻疮，又不认识猪草，结果就扯油菜叶子充数，自以为高明，结果下午就被养猪的大爷发现了。"

同学们已经笑得前仰后合。但杨碧文说："哪里等得到下午？你走了不久就被发现了。刘大爷要切猪草，当时就发现不对头，一看下面是砖头！"杨碧文当时在现场，这件事她至今记得，而且比我还清楚。

船上，欢声笑语；窗外，湖光山色。我们的游船缓缓地前行，在绸缎一般的湖面划过。湖中的一座座小岛，树木葱茏，山石错落，宛如一个个盆景；这盆景折射在湖面上，倒影在碧绿的波纹中荡漾着，荡漾着，简直就是一幅朦胧的现代派油画……黑龙潭水库我以前来过多次，但从来没有觉得这里这么美。

不过，这次聚会带给我的不完全是欢乐，也有痛惜与惆怅。同学们告诉我，我的同桌唐栋文同学早已因病去世。我无比震惊，眼前一下浮现出唐栋文白净秀气的模样。他和我一起讨论作业，一起在寝室里聊天，一起打乒乓球……一切好像就在昨天，可40多年过去，他和我如今已阴阳相隔。生命脆弱，人生无常啊！所以，要格外珍惜现在的每一个同学。

但很遗憾，并不是每一个同学都这样珍惜。中午吃饭时，同学们说到某同学现在是什么什么"长"——其实级别并不高，也就是一个"芝麻官"吧！但人家毕竟自我感觉是"领导"啊，他把自己当"官"了，不但平时见了老同学总摆着一副"当官的"派头，而且这次聚会也不来——也许是不屑吧！同学们谈起他，语气中充满蔑视。

有一句话在网上很流行："同学情是没有血缘的亲情。"我对此很有共鸣。但"亲情"的前提是彼此都超越或者说根本就没有想过任何物质和功利的因素。把"官职"带到同学关系中，这哪还叫"亲情"？哪还有半点"亲情"？什么"级别"，什么"学历"，什么"财富"，什么"事业有成"，什么"社会影响"……关我啥事！同学就是一直停留在童心的无邪里，就是始终定格在少年的纯真里，就是永远凝固在青春的赤诚里。

告别了亲爱的同学们，我独自一人开车回家。心里还一直充盈着40多年前在那一所乡村中学所收获的温暖。我想到那几本笔记本。尽管今天看来不过是一本本普通的笔记本，但在那个贫困的年代，对一个农村孩子来说，要买一本笔记本还是一笔很大的开支。所以李志容和朱琴英是合买一个笔记本送我。想到这点，我甚至有些心疼，40多年后依然眼睛湿润。这是当年一群善良淳朴的同学给我的财富，这笔精神财富将永远滋润着我的心灵。

2017年4月24日晚

有多少青春可以重来？

乐山一中初84届1班（未来班）的许艳给我打电话说，几位同学想来成都看我的"镇西资料馆"。我说："好呀，欢迎大家来成都看我！"我们把时间定在今天——2017年5月14日。

所谓"镇西资料馆"，是我从教30周年时，教育局雷福民局长决定并拨款建立的。原来的名字叫"李镇西教育博物馆"，但我觉得这个名字有些"吓人"，觉得自己配不上，于是定名为"镇西资料馆"。本来我还有些顾虑，怕有"个人崇拜"之嫌，但后来我想，无论如何，我那么多的教育资料，对年轻老师的成长应该还是有所启迪的。这也是教育局建这么一个资料馆的初衷。

资料馆位于武侯实验中学，里面陈列着我的许多"文物"——中学的期末成绩通知书和班主任的评语，初中和高中的作文本，大学的准考证，教育日记，班主任工作笔记，不同时期的论文手稿，读博时自制的英文卡片，未来班的歌单，谷建芬老师的手稿，第一本备课本，八九十年代的班主任工作日记本，第一部著作《青春期悄悄话》的手稿，《爱心与教育》中后进生万同抄写的《烈火金刚》手抄本，历届学生的各种资料、图片，等等。

当初建馆时，有关部门写了一个"李镇西介绍"，文字花里胡哨，把我评价得有些过分。后来我自己字斟句酌，写了一则《李镇西自画像》，现镌刻于资料馆的墙上——

一位深深爱着孩子也深受孩子喜爱的老师，一位富有人道主义情怀和教育报国理想的知识分子。

1982年2月参加教育工作以来，先后执教于四川省乐山一中、成都玉林中学、成都石室中学、成都盐道街中学外语学校和成都市武侯实验中学。曾短暂担任成都市教科所教育发展研究室主任。

他在新教育实验、公民教育、平民教育、语文素质教育、学校民主管理等方面进行了富有成效的探索实践。从教三十余年，他身边走出了数以千计的善良的劳动者和正直的公民。

这里的每一行文字、每一幅照片和每一件实物，都见证了他教育成长的足迹。他有过改革的成功，也有过探索的失误，有过引以为豪的硕果，也有过追悔莫及的败笔。无论如何，他的经验，或者教育，客观上都已经成为广大一线教师共同的财富。

他的教育理念是："朴素最美关注人性做真教育，幸福至上享受童心当好老师。"

今天上午，许艳、秦智英、张帆、陈建、刘大庆、周涛和刘春华来到学校，我早早就在学校等他们了。

我先带着大家转校园，给他们讲校园里每一个角落的故事：

"校庆亭"下埋藏着的留给百年校庆的"文物"、《书的发展》雕塑的诞生、学生题写的校名、陶行知"四颗糖"的故事、我和苏霍姆林斯基亲人的交往……

在"镇西资料馆",他们被一件件陈列品吸引了,尤其是和他们班有关的实物:当年我刻钢板印制的歌单、陈晓梅等人创作的《相会在未来》的剧本手稿、歌咏比赛节目单、谷建芬老师谱写的歌谱和来信、他们14岁退队时我给他们制作的纪念书签、我给他们读过的小说《青春万岁》《红岩》《钢铁是怎样炼成的》……

秦智英说,她"看见这几本书就特别亲切",赶紧掏出手机拍照。我说:"《青春万岁》是我参加工作后,给学生读的第一部长篇小说。"张帆说,他对这本书的印象很深,"还有李老师给我们读过的《青春之歌》,我到现在都还记得林道静、卢嘉川……"

一张张老照片,激起了大家遥远而亲切的回忆:山坡上的摔跤、河滩上的斗鸡、草丛里的欢笑、野餐的炊烟……刘大庆指着照片上当年那个傻乎乎的孩子哈哈大笑,周涛也认出了那年大年初一我和他在山坡上搂抱的照片。墙上贴着他们在33年前的黑白毕业照,我们在自己的青春形象前,照了一张合影。

第二间展室,陈列着反映我成长的物品和图片:我的读书笔记,我的备课本,我的《入党申请书》(虽然后来我并没入党,但我一直很珍惜当年的纯真),我在不同时期写的论文的手稿,我在新加坡、马来西亚、乌克兰、美国、德国、法国等地讲学、访问的照片,我出版的部分著作,我所赢得的社会反响和评价……

我指着我的著作和各种获奖证书说:"当初教你们时,我23岁,完全没有想到后来会出版这么多著作,获得这么多荣誉。这些东西让1982年2月刚踏上教育岗位的我不可思议。所以,我最近常常对一些年轻老师说,要用一生的时间去寻找那个让自己吃惊的'我',即不断自我超越。"

许艳说:"当听说李老师要当我们的班主任时,我和好多同学都不乐意,我们都觉得你简直是个小娃儿!我们想不通,学校咋派个小娃儿来教我们呢?因为原来的班主任冯老师就像妈妈一样,所以我们很难接受一个小娃儿。"

我笑了:"哈哈,后来不是也接受了吗?没想到我们的友谊延续到今天,30多年了。"我又感慨:"那时我什么经验都没有,但我很投入,因为这是我自己喜欢的工作。"

从"镇西资料馆"出来,我们继续转校园。在一棵根深叶茂的大树下,我给他们拍了一张照片。他们背后的巨树,让我一下想到了35年前的他们,还是十三四岁的孩子,可今天不也成为'参天大树'了吗?

我说他们是"参天大树",并不是说他们一定是世俗眼中的"名人""栋梁"。不,他们其实都是普通的劳动者——

许艳,当年特别天真可爱。我们班为感谢谷建芬老师谱班歌,特意给谷老师录制演唱的歌曲并寄给她。许艳代表同学们跟谷阿姨说的一段感谢的话,我至今珍藏。在外面讲学,她那甜美清澈的声音,感动了无数老师。我曾写过一篇文章,题目是《许艳:像班歌一样清澈》。现在的她经营着一家美容院。

张帆,一个曾经特别调皮的男孩,经常被我批评,但成绩拔尖。现在的他,谈吐儒雅,举止稳重,一身的书卷气,丝毫看不出当年的顽皮。他现在在核动力院从事科研工作。我没问他具体做什么,但我相信,他是单位的科研骨干。

陈建,当年一个稚气的小男孩,成绩很好。有一次班上的图书柜少了一本《故事会》,他承认是他"偷"回家了,第二天真的带了一本《故事会》到班上。但几天后,我才知道,丢失的那本《故事会》是邻班一个女生拿走了,而陈建为了不让班级蒙受损失,居然愿意自己"冤枉"自己,并"赔偿"了一本书。这个故事已经写进我的《走进心灵》。今天,在逛我校的开放式书吧时,我还讲到这件事。陈建很腼腆地笑了。他现在在一家IT公司从事安全方面的产品研发,具体做什么,我也说不清,我不太关心学生具体做什么。

周涛,班上最温柔最乖顺的男孩,成绩也很不错。我记得我从来没批评过他。印象深刻的是,有一年大年初一的早晨,我约上他和另外的同学步行到郊外的山坡上玩,我们放鞭炮,摔跤,做游戏……玩了一天。现在,他在电力部门工作。对了,他的外婆还是我幼儿园的老师呢!

刘大庆,一个非常有喜剧感的孩子,调皮得很,没少挨我的批评。但他性格很好,随时都笑眯眯的。多年后,只要我想起刘大庆,就想到他的笑脸。他还喜欢跳舞,有一次班里排练节目,他一个男生居然和一群女生一起演出舞蹈节目。后来他还去少年宫学过舞蹈呢。现在他女儿已经读大学,专业也是舞蹈。看来这是遗传。大庆现在在医院从事核医学工作。

秦智英,一个曾经非常害羞的小姑娘,做什么都非常认真,从来不要老师操心,学习也很自觉,绝对是乖乖女。她特别善良,感情细腻。有一次我生病住院,同学们很想念我,我也想念同学们,于是我便对着录音机唱了几首歌。后来我唱歌的录音在班上播放的时候,秦智英听着听着泪水就流下来了。我现在想起来都很感动。几十年过去了,秦智英现在在一家公司从事会计工作。

刘春华,听名字像女孩,其实当年也是一个可爱的小男孩。我现在保留的当年和学生一起在户外玩儿的照片,十有八九都有他,可见他也是一个喜欢玩的人。在一张"斗鸡"的照片上,他"金鸡独立",雄赳赳地和我对峙。现在,他是成都市59路公交车的司机,深受乘客欢迎。因此,他也是令我自豪的学生。

中午,我们在学校附近一家餐馆吃饭。许艳说,昨天有同学建议这次小聚会费用还是AA制比较好。我断然否决:"不,同学们这么多年对我这么好,这次还来看我,当然该我请客,也算是我表达一点心意嘛!"

席间,大家都感慨时间过得太快。我说:"是呀!我觉得昨天才从大学毕业到中学教你们呢!我还记得我到学校试讲的第一篇课文,是《卖炭翁》。你们是我的第一批学生,看到你们就看到了我的青春时代。"

刘大庆说:"我们是你的初恋啊!"

我乐了:"那年田晓敏也这样说。当时我说,是的,你们这个班的孩子就是我的初恋,我是通过你们爱上教育的。30多年来,我自从爱上教育,便从一而终,终生不变!"

大家又谈到明年我要给大家上的"最后一课"。这是今年春节前聚会时,说到我明年退休,大家都希望我给大家上"最后一课"。我非常乐意。今天大家商量我上课的时间。

张帆说:"我们希望孩子也能一起来听,最好安排在暑假里。"我们大家都同意。

我说:"那就定在明年暑假,具体哪一天,我再考虑一下。"

张帆说:"这个活动一定要好好策划一下。"

我说:"给你们上第一节课,我拉开了教育的帷幕;给你们上最后一课,我给我的教育画上了一个句号。"

刘大庆说:"你又回到了原点。"

我说:"是的,我又回到了青春的原点。"

只是,有多少这样的青春可以重来?

2017 年 5 月 14 日晚

七百多个日子的点点滴滴

——我们办公室的故事

两年前,成立武侯区新教育办公室时,教育局的潘局长说要给我"配两个人"。我一愣:"配人干什么?我一个人不是很好吗?"潘局长说:"一个给你写东西,一个给你管账。你那么忙,需要助手。"

说心里话,我当时只想一个人自由些,弄两个人来我还要"管理",多麻烦呀!但潘局长说的也有道理,有两个人帮我处理日常事务,我不就更自由了吗?

可都已经开学了,到哪里去招人呢?潘局长说:"面向社会招聘。"我问:"正式调入解决编制吗?"她说:"逢进必考,这是谁也破不了的规矩。但你招聘的人,享受在职在编人员同等待遇,每人每年总收入六万元。"我有些不相信我的耳朵,因为武侯区公办中小学教师的平均年收入就是六万,许多年轻人刚工作头几年,一个月拿到手的也就两千来块钱,如果是招聘合同制老师甚至还不足两千。看来,局长是实实在在地支持我。

招聘启事在网上一挂,应聘者不多,有十多个人,大多是大学刚毕业或毕业没几年但还没通过公招进入编制的年轻人。那天面试了一上午，所有面试者中只有一个小伙子，但他面试的情况的确不理想。最后的结果是，我录用了邓茜媛（负责文字工作）和赵涵宇（负责财务工作）。其实，她俩的现场表现不是特别"出彩"，但我感到她俩很朴实，很自然，落落大方，毫不做作，谈吐之间也有书卷气。

真是有缘，我们三个人原来素不相识，就因为她们看到网上的招聘启事前来应聘，我们便成了朝夕相处的同事，而且结下了非常真诚、深厚的友谊。

她俩没教过书，但很好学。我理解涵宇和茜媛的"编制情结"和当老师的梦想，我说："我支持你们！你俩早晚要离开我的，就把这里当作学习的地方吧！"我对她俩说，既然以后想参加公招当教师，就得补补教育方面的知识，要多读书。

说实话，比起学校，新教育办公室的工作轻松多了。于是她俩便读我推荐的教育经典，我送给她俩苏霍姆林斯基的书，还有我的几本书，以及其他教育类的书。我经常去各实验学校和老师们交流新教育，看学校的新教育展示，两个小姑娘就跟我一块去。为了锻炼身体，我往往步行，她俩也跟着。于是，我们经常沿着锦江，然后过大街、穿小巷，大步流星地走着。我背着双肩包，她俩像小学生一样跟着我，听我讲故事。我们还建了一个微信工作群，叫"三人行"。

新教育办公室因为负责指导全区的新教育实验学校，所以平时虽然没有什么压力，也没有什么特别的"硬性任务"，但忙起来也很累，比如举办大型的新教育展示周，比如组织全区的新教育叙事活动。虽然这种情况并不多，但加班熬夜的情况也有。

记得去年 5 月初的一天晚上，我在外地出差，为了赶在新教育全国开放周活动开幕前把有关资料印出来，两个小姑娘整整熬了一个通宵，让我非常感动！本来武侯区新教育办公室就我们三个人，我从不考勤，管理也非常宽松。她俩一个办公室，我一个办公室。但即使我外出，她俩都严格按朝九晚五的时间上班。有事就忙，没事就读书学习。套用一句诗来说，叫"我在，或者不在，她俩都在那里"。

因为不是教育界的，所以涵宇和茜媛以前根本不知道我的情况。来我这里后，读我的书，我去外面作报告她俩又跟着去听（我现在都还记得听我报告时，涵宇和茜媛不停擦眼泪的情景），还随我走出四川出席各种全国性的新教育会议，包括参加国际论坛，她们才知道"原来李老师在全国有这么大的影响力"，于是学习更加勤奋。后来，她俩主动提出去学校上课，体验一下教育实践，以后对公招有好处。我积极帮她俩联系到了成都市双楠实验学校。在学校上课期间，她俩两边跑，常常是下了课便坐公交车赶回办公室。那辛苦让我看着都很心疼，但她俩却好像什么事没有，每天都高高兴兴的。

茜媛性格天真活泼，看上去很文弱，但其实她相当有内涵，内心强大且坚韧。就在应聘的前一年春天，她居然一个人从老家都江堰出发，徒步走过陕西、山西、河北、天津、辽宁，一直到内蒙古科尔沁草原，历时 77 天。她说她只是大致规划了一下路线，知道每天要从哪里走到哪里，根本没有提前预定，走到天黑了就投宿，有一天竟然走了 54 公里；漫长的路途中，尽管也有那么一两次惊吓，但没有真正遭遇过一次险情。

茜媛的内涵体现在她的文字里。说实话，现在哪怕是名牌大学中文系的学生，文笔好的也不多。茜媛虽然只是一个本科生，但其文笔让我惊叹。每次从学校回来，她都要写一篇文章，但她写的绝不是一般的公文式总结或经验，而是有散文色彩的文字，同时也绝非感性地"抒情"，她的文字有情感，有思考，有对新教育独特的理解——要知道，她以前根本就没搞过一天教育。她做事效率也很高，常常是当天才去学校，晚上，上万字的文章便写出来了，而且还配有图片。对了，忘记说了，茜媛的摄影也相当棒。因为她的文字很棒，我每次写了文章都叫她帮我校对，她不仅仅是改正错别字，还能帮我修改一些不够妥帖的文字。总之，她帮我看过的文章，我都不再检查，直接就发到"镇西茶馆"。所以，凡是在"镇西茶馆"上发现有错别字的文章，肯定是没有经过茜媛校对的。

　　涵宇也很纯真可爱，但相对来说，她比茜媛要文静一些，可能是因为比茜媛要年长一岁，所以显得更加稳重些。涵宇做事又细心又主动，根本不需要我提醒和所谓的"指点"。记得她刚上班时，每天早晨首先到我办公室来帮我打开水，还扫地，把垃圾桶里的垃圾清理干净。我很不好意思，凭什么？本来大家都是平等的。每次我都说："谢谢涵宇！"她总是说："这是我应该做的嘛！"

　　她还常常默默无闻地做着一些琐碎的事：帮我取个包裹啊，发个快递啊，有时候还帮我去医院取药——有一次，为了去春熙路帮我取中药，她转了两次公交车，下了车还拎着重重的熬好了的药送到我家里来。如果遇到去教育局报账之类的事，她也得坐公交，有时候也要转车，但从来不叫苦，不喊累。

涵宇的老家在广安，每周五下午要坐动车回去。我说她可以早点走，可她从来都只买晚上的车票。每次要组织新教育实验老师外出培训或考察，涵宇就忙起来了：联系对方单位、买机票和火车票、办理住宿、找饭店吃饭、填写报账凭据……相当繁琐，但我从不操心，涵宇从来没有出过一次哪怕是小小的差错。我忙起来有时容易忘事，她便提醒我，什么时候该到哪个学校去作培训了等。如果说茜媛是我的文秘，那涵宇可以说是我的记性。

随着新教育实验在武侯区的发展，再加上我后来又出任全国新教育研究院院长，我感到办公室还应该增加人手，于是我向潘局长提出，把百草园小学校长满泽洪调到我办公室来。潘局长真是给力，果然把小满调到了我身边，和她俩一个办公室。这样一来，我们就更加热闹了。

小满是个大小伙子，性格开朗、豪爽，为人正直，而且也很有才，是我曾经在武侯实验中学的老同事。我刚去做校长的时候，他还是一位普通语文教师和班主任，后来慢慢成长为中层干部，在德育处和教务处都曾担任过主任，再后来成为校级干部。我们以前就是铁哥们，他一直都像许多老师那样叫我"西哥"，我们常常在假期一起开车自驾游。他曾去川西白玉县支教，两年后回来便出任百草园小学的校长，把新教育做得很好，所以我把他拉到了我身边。

以前涵宇和茜媛上班时静静地，很少有声音。自从小满来了以后，办公室便常常响起他爽朗的笑声，他们三人常常为新教育的一些话题展开讨论，让我忍不住从我的办公室出来，钻到他们办公室去参与讨论。小满非常喜欢读书，平时不那么忙的时候，他就拿出《史记》来读，我还给他推荐了许多文史方面的书，他也读。读了之后，还和我们一起讨论。

去年，四川省第一次搞正高职称评选，我开始还有些犹豫，但小满竭力鼓励我："你不报，谁还敢报？"谁知我报了之后，却给小满、茜媛和涵宇增加了无穷的工作量。那段时间，我在全国各地几个新教育实验区转，我的所有材料都是小满帮我弄的，两个小姑娘做他的助手。好几次按要求交上去之后，上面又有了新要求，于是他们三人便又重新弄，让我相当感动！写到这里，我忍不住在心里说：小满，我的好兄弟！

记得涵宇和茜媛刚到我办公室的第一学期，有一天，我请她俩吃火锅。她俩问为什么，我说到了就知道了。面对热腾腾、火辣辣的火锅，我说："今天是涵宇的生日，我们一起祝涵宇生日快乐！永远美丽！"从此，每年为涵宇和茜媛祝贺生日成了我们的"传统节目"。后来小满来了，小满的生日也成了我们共同的节日。

今年涵宇和茜媛参加公招，我是真心希望她俩能够考上，但心里也很舍不得她俩。后来结果真的不错，茜媛去一所初中当语文老师，涵宇去一所高中当计算机老师。放假前的一天，我请她俩到我办公室，说："你们以后就是老师了，我会继续帮助你们的。如果你们有什么需要我做的，尽管说。"两位小姑娘也非常舍不得我，说："以后再也找不到像李老师这么好的领导了！"我说："不一定，你们还没见过以后的校长呢。当然，我们这里人少，比较单纯，以后确实不容易找这么单纯的单位了。"涵宇听我这么一说，眼泪一下就涌出来了。茜媛也很怅然。小满说："以后我和西哥去看你们。"

虽然我知道她俩下学期就不会来上班了，将去新的学校正式当老师了，但毕竟还没接到正式的通知，所以我迟迟没有发招聘公告，我怕万一我这里招了新人，涵宇和茜媛又没有走成，那不成了撵人家了吗？直到昨天，涵宇要我赶快招人，怕时间再耽误就更不好招人了。的确如此，现在快开学了，是不太好招人了，我这才在"镇西茶馆"发出了招聘启事。我在群里说："好舍不得你俩！"她俩说："我们也舍不得您！"

其实舍不得涵宇和茜媛的，不只是我和小满，还有武侯区新教育实验学校的校长和老师们。最近，当校长和老师们听说涵宇和茜媛要离开武侯区新教育办公室时，都说："哎呀，太可惜了，这两个女娃娃太乖了！"

本来，这篇文章写完上一段已经结尾。我给茜媛打电话："茜媛，嗯，不好意思啊……"我话说得吞吞吐吐，还没说完，电话那头便响起了茜媛透明的笑声："嘿嘿嘿，要我校对文章哇？"我说："是的。"照例是爽快地答应："要得哇！"我又问她那里有没有我们四个人的合影，结果她说："没有。我们四个人居然还没有照过合影。"我和茜媛、涵宇有过合影，小满和她俩也有过合影。但每次都是互相照，结果恰恰忘记了"全家福"。茜媛和涵宇非常漂亮，小满特别英俊，所以我给他们三人都拍过肖像照，还给涵宇和茜媛抓拍过许多美丽的倩影，却从来没有照过四人合影。只有以后再找机会补照了。

我问茜媛："接到正式上班的通知没有？"她说："接到了。"

然后她说:"一开学就要做新教育,要给校长宣传新教育。"我说校长不一定愿意做,她说:"没关系,我先把我们班做起来,做好!我一定要把新教育的种子撒到我的班上!"她还说:"等我有了时间,我一定要写这两年和李老师在一起的故事,写当初您是怎么招聘我的,写我们跟着您步行去学校,在河边您给我们讲故事……"

这些就是我们办公室的故事,还有很多没有写完,但点点滴滴都在心中。相聚即是缘分,分离在所难免,但这些一起走过的七百多个日子是我们共同的记忆,每每回想起来,心里都会觉得特别柔软,格外温暖。

2017 年 8 月 18 日

影视

别跟我说"专业",我要的是良心、思想和情感

——看电影《神秘巨星》有感

今天,看了印度电影《神秘巨星》。说实话,因为去年看《摔跤吧!爸爸》时心灵震撼不小,所以这次期望值不高,再加上是讲一个歌手成长经历的(至少我看电影之前是这样认为的),所以我就带着轻松娱乐的心态走进了电影院。然而看了之后,还没走出电影院,我就用手机在微信朋友圈敲了几行字——

有这么一个我们不太注意的国家,却拍了许多打动中国观众的电影。从我大学时代看的《流浪者》,到去年的《摔跤吧!爸爸》和今天的《神秘巨星》……这个国家叫印度。《神秘巨星》的歌曲不是一般的动听,但电影表达的不仅仅是"歌",更是"人"。后半部分我几乎是流着泪看完的。

担心剧透,所以这篇文字不打算就电影内容说得太具体,只想简单说说我的感受。

刚才我提到了《摔跤吧！爸爸》，其实《神秘巨星》在主题上与前者有点类似，都是表现女性权利的觉醒并呼吁女性社会地位的提高。但《摔跤吧！爸爸》中女儿女性权利意识的觉醒，是靠男性（即父亲）通过"强制"的方式完成的；而在《神秘巨星》中，女性的重重束缚则是女性（女儿和其母亲）自己挣脱的。虽然都是阿米尔·汗主演的作品，但在这一点上，我觉得《神秘巨星》显然超越了《摔跤吧！爸爸》。

如果看海报上的简介，真以为不过就是一部音乐片。当然，片子的音乐和插曲不是一般的动听，尤其是主人公的歌声，堪称"天籁之音"——我知道这个说法很俗套，但实在找不到另外更恰当的表述，因为我听到的的确就是"天籁之音"。但电影要表达的，远不只是音乐，或者说音乐只是载体，它承载的是人类最高贵的精神价值——关于梦想，关于奋斗，关于母爱，关于善良，关于尊严，关于平等，关于人权……

而对这些精神元素的表达，又是通过一个极为"老套"的故事完成的。我们看电影往往不喜欢"俗套"的剧情，喜欢新奇、刺激、"烧脑"。我以前也是这么想的。但最近看了《奇迹男孩》，今天又看了《神秘巨星》，还有去年的《摔跤吧！爸爸》，我的想法有所改变。

说实话，这三部电影，至少在故事情节上毫无新意，几乎都是看个开头就知道结局。比如《奇迹男孩》，一开始无论男孩遇到怎样的歧视和欺负，我相信影片最后一定会给他一个温馨的结局。《摔跤吧！爸爸》和《神秘巨星》也是一样，无论女孩遇到怎样的挫折，总归导演会给女主人公以辉煌的成功。三部电影甚至主题也很老套，无非就是"励志""父爱""母爱"之类。但就这么俗套的剧情和老套的主题，却那么打动人心，让无数观众流下眼泪。

所以，真正高明的艺术家的创作，主要不靠猎奇的题材，而是靠真正的才华和智慧。真正有水平的艺术家，哪怕是以平淡无奇的题材为创作内容也能出彩。"春眠不觉晓，处处闻啼鸟。夜来风雨声，花落知多少。"孟浩然将人人所见的景象写成了千古名篇。据说抗战期间，在重庆的一个文化人聚会中，大家要当红电影明星赵丹出个节目，赵丹没准备，便说"那我就朗诵一首诗吧"。他掏出一个单子朗诵了起来，声音抑扬顿挫，表情极富魅力，所有人都被感染了。朗诵结束后，人们纷纷向他索要诗稿，赵丹把手中的单子给大家一看，原来是一个菜谱。这就是艺术功力！

但如果仅仅是玩"才气"，艺术家的作品也是走不远的。比才气更重要的是社会责任感，或者说"良知"。无论是《摔跤吧！爸爸》，还是《奇迹男孩》和《神秘巨星》，它们都是直面现实，不回避社会矛盾。尤其是《摔跤吧！爸爸》和《神秘巨星》，表现的更是印度社会的一个普遍问题——女性社会地位低下，进而呼吁男女平权。艺术家这种源于良知的责任和源于责任的勇气，让其作品具有了广泛的社会认同基础，即使是在男女平等的中国，我们也会想到类似的不平等现象，因而产生共鸣。何况，电影表达的还不仅仅是对女权问题的关注，还有对母爱的歌颂——这都是人类只要存在一天就会因此而热泪盈眶的主题。直到影片结束，我才真正明白了片名《神秘巨星》的含义。

反正我看到后半部分时，眼泪是无法抑制的，而且我看到一起走出电影院的大多数观众，眼睛都是红红的。可在影院电梯里，还是听到个别观众在"理性分析"这个片子这里或那里"太不专业"了，因而"其实是一个煽情的烂片"。虽然我有感动的权利，别人也有批评的自由，但我还是想说，包括电影在内的艺术作品，首先是给大众看的，镜头、构图、色彩等手法当然是增强作品艺术感染力的重要手段，但征服大众心灵的是情感是思想，而不是所谓"专业"。我们有些所谓的"小众电影"，玩的就是"专业"，目的不是打动平民观众，而是国际大奖上的评委。所以，有一些"艺术家"远离生活，远离现实，远离矛盾，远离观众……闭门"玩文艺""玩特技"。这是中国电影的悲哀。

本来我是很想结合女主人的成长故事好好分析一下这部影片的——那样将会使我这篇文章很"动情"，但刚才我就说了，为了避免剧透而干扰即将去看这部片子的朋友们，我不好说得太具体，所以无法分析透彻。因此，这篇文字可能比较抽象而枯燥，但我以这篇朴素却真诚的文字，虔诚地向朋友们推荐良心之作——《神秘巨星》。

2018 年 1 月 28 日

公平而优质的基础教育，是一个国家腾飞的"起跑线"

——看电影《起跑线》所想到的

继《三傻大闹宝莱坞》《摔跤吧！爸爸》《神秘巨星》等印度电影之后，《起跑线》再次击中了我——注意，我说的是"击中"，而不仅仅是"感动"。

电影的故事情节我就不赘述了，我想说说这部影片震撼人心的高潮部分，就是主人公拉吉在德里文法学院的一段抨击印度教育制度的演讲。其中有两句话，特别震撼我——所谓"击中"，指的就是这两句话：

"进这所学校不是你们在培养他们，而是他们在满足你们！"

"教育已经失去了它的本质，沦为了一桩生意。"

拉吉在这里说的"你们"，指的是名校的校长和老师们；"他们"指的是该校学生。

我怎么觉得说的也像我们的教育？

某些名校校长和老师这样的话，我们已经听得太多："今年高考，我校再创辉煌，考上清华北大的人数再次名列全省（市）

第一！""建校多少年多少年来，我们培养了多少多少位科学家、艺术家……""×××和×××（指名人）就是我们学校培养的！"

每当看到媒体上这样的新闻，我就很想问这些学校的校长："你怎么不说说你是如何进行生源抢夺的？""你通过那么多见不得人的手段，花多那么钱，违规将成绩最拔尖的学生招到你的学校，不就是为了让这些天才学生日后为学校脸上贴金吗？"因为所有教育者都明白——但不一定明说，天才不是学校培养的，天才到哪里都是天才，但是，他们就读过某校，就成了该校反复炒作的广告："我们培养了×××！"

所以，拉吉说："进这所学校不是你们在培养他们，而是他们在满足你们！"教育的势利与堕落，被拉吉揭露得淋漓尽致。

对于势利的学校和校长来说，追求学校的"名气"（说得好听点，叫"社会美誉度"）不是最终目的，比"名气"更重要的是"利益"。电影中的洛达校长，表面正直，却把教育当生意做，根据父母阶层和家庭背景挑选学生，挑选的标准就是能够让学校获益。因为招收贫困学生无利可图，而招收来自"精英家庭"的孩子，不但可以获取大量金钱，还能笼络社会资源、权力人脉等隐性资产。

正如拉吉所揭露的："教育已经失去它的本质，沦为了一桩生意。"

既然是"生意"，那"唯利是图"便是天经地义的了。

其实，扭曲了的"教育"有时候连"生意"都不如。正经的生意人讲究买卖公平、诚信经商，可不正经的"教育人"表面上道貌岸然，就像影片中的那位校长一样，可实际上做着践踏公平、摧毁正义的事，比如那位入学顾问，她"建议"拉吉假装穷人，以争取学校给贫困孩子的入学名额。善良的希亚姆为了能让拉吉的女儿读上名校而不惜用生命去碰瓷，以换取所需的"课外活动费"；可他不知道自己的孩子却被富人拉吉"巧夺"了上学资格！

所以希亚姆说："政客偷窃穷人的粮食，建筑商偷窃穷人的土地，富人偷窃穷人孩子上学的权利。"

堕落了的基础教育，完全失去了公平、普惠的本质，彻底毁灭了社会正常有序的竞争机制，堵死了普通老百姓孩子改变命运的向上通道。富的更富，穷的更穷。一个国家的进步从"起跑线"上就被不公平的教育阻碍，甚至社会不安定的隐患由此埋下，谈何"腾飞"？

相信许多观众和我一样，在看《起跑线》时，会觉得特别"亲切"。因为在中国也有太多望子成龙因而愿意付出一切（包括不择手段）的"拉吉"和"米塔"夫妇，有太多贫穷而善良却被无端剥夺权利的"希亚姆"，当然，也有不少势利而虚伪的校长"洛达"……

最可怕的还不是不公平的教育，而是不公平的教育披上了"公平"的面纱。有哪个教育局公开发文允许过义务教育阶段的学校"择校"？没有！相反，所有教育局的文件都明确规定"严禁择校"，还说"发现一起处理一起"。但实际上呢？通过一些变相或变通的途径，明明是"择校"，却变成合法的了。比如"招艺体特长生"，这里面就有猫腻，许多毫无艺体特长或有那么一点点艺体爱好的学生，经过"象征性"的"面试考核"，便"择校"成功。

还有赤裸裸的生源大战。迄今为止，我没有看到任何学校承认，其中考、高考的"辉煌"，除了教师的努力、学生的勤奋之外，还有"当初为了抢生源不择手段、'不惜血本'"。小升初本来是划片招生，严禁学校进行招生考试的，但不少学校挖空心思以"面试"等方式进行"择优录取"，有的教育局对此睁只眼闭只眼。甚至教育局领导通过口头打招呼（而非书面文件）的方式，要求各小学将毕业生中的"尖子生"送到规定的初中"名校"，以保证"本地优质生源不外流"。还有的教育局打着"教育改革"的幌子，以"因材施教"的"理由"，冠冕堂皇地要求各小学将"优秀生源"送往某名校。高中作为非义务教育，是允许择优招生的，但应该在规则的范围内择优，而不可为了抢生源而践踏规则不择手段。现在不少高中违规跨地区招生、公办学校"民办化"招生、用重金购买"优生"、办"超级中学"以"垄断优质生源"，进而不惜违规办学以开疆拓土，将这种做法蔓延到全国各地……

我听过太多的人说："现行高考制度有再多的不是，也是贫寒子弟改变命运的唯一也是最后一条通道，否则，如果否定了现行高考制度，平民子弟日后出人头地唯一的希望便没了。"可是，一些不公平的教育制度，从小学甚至幼儿园开始，就将许多贫寒子弟排除在公平竞争的通道之外——就如电影《起跑线》里希亚姆的儿子一样，想指望教育成为改变命运的"唯一""最后"的"通道"，是不太可能的。

说起学校的教育不公,似乎每一位学生家长都咬牙切齿,但其实有时候恰恰是家长们在"助长"学校教育的不公。真正实行"划片招生"了,反对的往往是一些有权势有关系的家长,正是他们的一些行为,"绑架"了教育公平。就如《起跑线》里面的拉吉一样,看似可怜无助的他,其实正是教育不公的助纣为虐者。当然,家长们之所以"助纣为虐",更深刻的原因,是目前我们学校之间本身存在着发展不均衡,客观上存在着优质学校和薄弱学校,谁愿意把孩子送到薄弱学校呢?从这个意义上说,家长的"胡作非为"也是被不公平的教育所绑架。因此,要实现教育公平,还有赖于政府通过各种方式——校园建设、硬件配备、师资优化、评价改革等,推进优质的教育均衡,让所有学校基本上(不可能绝对)达到相同或相近的办学水平。

值得欣慰的是,近年来,国家以及各地教育行政部门出台了不少加快推进教育均衡发展的举措,比如前些年就开始实行的高中招生"指标到校"的政策(即将优质普通高中的招生名额按不低于30%的比例合理分配到区域内各初中),虽然在执行中也不是非常完美,但已经收到一定效果。又比如,最近教育部印发了《关于做好2018年普通中小学招生入学工作的通知》,文件中明确指出要逐步压缩特长生招生规模,直至2020年前取消各类特长生招生;继续清理和规范中考加分项目,尚未全面取消体育、艺术等加分项目的地方,要从2018年初中起始年级开始执行。这意味着,以后"艺体特长"这块"择校敲门砖",将逐步失灵。

电影的名字叫《起跑线》,我不知道印度导演为何想到用这个名字，反正几乎所有中国观众看了这个片名都自然会想到流行于中国父母口中的一句话："不能让孩子输在起跑线上。"我前段时间刚好写了一篇文章《父母是孩子最好的"起跑线"》，赋予"起跑线"以新的内涵，就是孩子父母的综合素养。今天，我对"起跑线"的含义又有了新的理解。如果对一个孩子来说，优秀的父母是孩子成长的"起跑线"，那么对一个国家来说，公平而优质的基础教育则是国家腾飞的"起跑线"。

因此，我还是寄希望于我们的党、我们的国家。我有时候乐观地想，我们党连腐败这场硬仗都能打下来，并取得举世瞩目的成绩，"教育不公"这座大山一定也能铲平！

本文结束时，突然想补充几句我看完《起跑线》走出影院时的想法——既然中国也存在着类似的教育不公，为什么中国却拍不出这样的电影？一些导演热衷于拍君臣尔虞我诈，拍嫔妃明争暗斗，把帝王将相塑造成"民族英雄"，把宫女太后吹捧成"中华女杰"，却无视当代中国的现实生活，漠视人民的忧患与诉求，这是中国影视的耻辱！至少，面对《起跑线》这部电影，中国的导演们应该感到羞愧。

2018 年 5 月 1 日

"银河补习班"都开设了哪些课程？

去年，我看了印度电影《起跑线》后写了一篇文章。结尾这样批评中国的某些导演——

一些导演热衷于拍君臣尔虞我诈，拍嫔妃明争暗斗，把帝王将相塑造成"民族英雄"，把宫女太后吹捧成"中华女杰"，却无视当代中国的现实生活，漠视人民的忧患与诉求，这是中国影视的耻辱！至少，面对《起跑线》这部电影，中国的导演们应该感到羞愧。

今天看了《银河补习班》，我要说，这部电影的导演为中国电影多少挽回了一点尊严。我并不是说这部电影多么完美——与印度的《起跑线》《三傻大闹宝莱坞》等电影依然有着不小的差距，但至少它或多或少表现了中国教育的某些真实。

当然，如果要吐槽，这部电影可吐槽之处甚多，从艺术上看更可以挑出许多毛病，对教育制度的批判我甚至可以说它还很肤浅……总之，无论"硬伤"还是"软伤"，哪怕是一个非电影专业人士，都可以找出一大堆。这是一部注定要引起巨大争议的电影。正如电影中孩子的那篇作文，有的打零分，有的打满分。许多争议，已经超出了电影艺术的范围，而体现出不同的教育观念甚至是价值观的分歧。

但我依然给这部电影积极的评价。要说的话太多：教育思想、课程设置、家庭教育、考试评价、师德师风……我就从《银河补习班》这个片名说起吧。

"补习班"，想必是所有学生及家长最熟悉的一个词语。昨天有一个朋友对我说："我们国家实行的是九年义务教育，按说小学和初中都是免费教育。但是，孩子读补习班得花多少钱？有的家长甚至每年要花十来万上各种补习班。现在有多少孩子不上补习班？如果不上补习班，老师就会把家长叫去批评一通，而且事实上如果孩子不上补习班，他在班上肯定也考不过其他同学。所以，中国的免费义务教育名不副实，就是个笑话。"

这话当然偏激而夸张，但有一点说的是事实——在当今中国，读补习班的孩子并非传统意义上的少数所谓"差生"，而是包括中上等成绩在内的大多数学生。所以，从家庭教师到社会补习机构，才有了绵绵不绝的生源和生生不息的市场。那么这些"补习班"都"补习"什么呢？很简单，各门学科知识——准确地说，是和高考、中考相关的学科知识。

那《银河补习班》也只是补"应考知识"吗？当然不是。电影中，马飞的母亲写信询问马飞的学业情况，父亲马皓文说："儿子上的是东沛市最好的补习班——'银河补习班'。""银河补习班"只是一个带有调侃色彩的比喻，当然不是说马皓文要给马飞讲"天文学"。我的理解是,"银河"意味着"广阔""辽远""丰富""深邃""无涯无际""无穷无尽"……所谓"银河补习班",当然就远远不只是"补习"需要考试的知识。

那"银河补习班"都开设了些什么课程呢?

第一课:对孩子真正的爱是理解和欣赏。

没有父母会否认自己对孩子的爱,但这种爱是不是真正的爱呢?马飞的母亲绝对爱自己的儿子,她最喜欢说的话是"我是为他好",但马皓文说:"再没有比我是为他好更恐怖的借口了。"真正的爱,是理解,是欣赏,而不是把自己的意志强加给孩子。孩子哭着用拳头砸父亲:"让你不来看我,让你不来看我……"马皓文理解儿子,并因此而自责。当前妻说儿子"他本来就笨"时,马皓文说:"他一点也不笨!"是的,当所有人都说马飞"笨"的时候,马皓文却对孩子说:"你不笨,也不傻!"母亲说孩子笨,是因为她老把孩子同其他孩子比,但马皓文从不用"别人家的孩子"来评价马飞,他对孩子说:"你是这个地球上最聪明的孩子!"马皓文对高老师说:"每个孩子身上都长着一个神奇的感受器,他们就是能感觉到大人对他们的感情是不是爱。"而对孩子真的爱,就意味着发自内心的理解和欣赏。

第二课:自信心比分数更重要。

马飞老考最后一名,这个成绩当然令人沮丧,沮丧的不仅仅是孩子,还有他妈妈,因此她越来越沉不住气,越来越没有耐心。但在马皓文看来,知识没有学好当然不行,可如果孩子连自信心也失去了,这更可怕。而孩子的自信心不仅来自考试分数,也来自成人注视自己的目光。所以,马皓文总是不断地鼓励孩子，不断地让他觉得自己完全可以学好。他对孩子说："爸爸相信你不是笨蛋、蠢货、废物，永远相信你不是！"他对闫主任说："等他离开学校时，他会是这个学校最出色的孩子，总有一天你会把他挂在墙上。"孩子有了哪怕一点点进步，比如由班上倒数第一为起点慢慢提升名次，他都不吝夸奖："稍一努力就勇夺全班倒数第五名，你这样学下去，不得成精啊你。"马飞后来回忆道："爸爸看我的那种崇拜的眼神，让我误以为我就是少年霍金本人。"而这"崇拜的眼神"一定会化作孩子自信的眼神。正如高老师说的："最重要的是，这孩子眼里有光了！"这里的"光"，就是自信之光。现在，有多少家长看自己的孩子有这样"崇拜的眼神"？

第三课：理想是学习乃至人生的原动力。

当今的教育（当然包括家庭教育）太功利——功利到面对还在读幼儿园的孩子，家长就会想到考大学找工作；功利到连学钢琴、舞蹈，都是为了在高考中加分！马皓文给孩子送的生日礼物是他手工制作的一个地球仪，他把整个世界装进了孩子心中。他对儿子说："人生就像射箭，而梦想就像箭靶子。如果你连箭靶子都找不到的话，那每天的拉弓就毫无意义。"他要做的，首先是帮助孩子找到"箭靶"。当然，孩子有了梦想，有了目标，学习知识自然事半功倍。更重要的是，孩子有了理想，其胸襟远远比其他同学开阔。电影中有一个细节颇有深意，当几个女生在为偶像自杀而痛哭流涕时，从她们身旁走过的马飞正往闫主任办公室走去，他执着而礼貌地谢绝了学校要他冲刺"状元"的机会而报考飞行员。他心里装着蓝天。因为心怀理想，他比同龄人站得更高，看得更远，最后也飞得更高更远。

第四课：兴趣是一切学习的基础。

"等你长大以后，一定要做自己最喜欢的事情。""找到你最感兴趣的事，你就一直去想吧！""如果真喜欢一个东西，那就喜欢，谁说都别变。""真正的学习要从兴趣开始。"……这是电影中，马皓文不断给儿子说的话。注意，马皓文一直没有说"培养"兴趣，而只是说"最喜欢""真喜欢""找到"……因为儿童的兴趣是天生的，成人要做的事，不是"如何培养孩子的兴趣"——"培养"出来的已经不是孩子的兴趣了，那只是家长希望孩子养成的"兴趣"，其实就是家长的"兴趣"——而是"如何才能不扼杀孩子的兴趣"。如果能够发现并引导和发展孩子的兴趣，就是教育的成功。比如马皓文冒着孩子上课迟到的"风险"而带他去观察"草色遥看近却无"的原野，比如他不惜"耽误"功课而陪孩子去看航展……都是在为孩子将来飞向太空锻造强健的翅膀。

第五课：绝不认输，战胜自己。

"每个人都有自己的一座桥，把自己的桥修好，在我看来，是世界上最大的事儿。"这是电影中马皓文的一句台词。而所谓"把自己的桥修好"，就是让自己坚强而永不倒塌。现在太多的孩子心理脆弱，动辄轻生。于是，有一个词语出现了："挫折教育"。教育本来就应该包括教会孩子面对人生一个又一个挫折，而增强面对挫折的勇气、拥有超越挫折的智慧，应该是每一个孩子的必修课。很遗憾，现在的学校却没有这门课。这方面，马皓文堪称"教育家"。他反复告诉孩子："绝不认输！"他说:"这个世界上有许多事是无法控制的,但我们可以控制我们自己。""只要你不害怕,没有人能挡住你的去向。"……而"绝不认输"的对象,不是客观的困难乃至灾难,而是我们自己。"绝不认输"就意味着"战胜自己",而一旦战胜并超越了自己,马飞就由一名差点被学校开除的"差生",成了学校引以为豪的飞行员!

第六课:家长是最好的教科书。

但是,马皓文对儿子的"挫折教育"绝不是抽象的理论,而是每时每刻的行动。马皓文因为意外而蒙冤入狱七年,从一个被人尊敬的"马工"变成了人人唾骂为"良心被狗吃了"的囚犯,他没有倒下。为了给孩子撑起一片蓝天,也为了自己的尊严与名誉,他忍辱负重,甚至卖血,"穷且益坚,不坠青云之志"。和孩子住在桥洞和杂物间,心中依然有"诗和远方"。晚上,看见伏案的爸爸,马飞问:"爸爸,你是在工作吗?我可以不睡觉吗?"然后从床上爬起来开始学习。儿子因刚刚升起的希望又被闫主任扑灭了,他对爸爸说:"我不是不努力,可我真的不想上学了,太难了!"这时,一伙人冲进房间向马皓文发难,他像一只愤怒的狮子,大吼:"我不会认输的!""永远不认输!"那伙人被吓退了,儿子也震撼了。他默默地写了一张字条:"爸爸:像你一样,永远不认输",这张字条放在文具盒里,陪伴着他每天的学习,直到他飞向宇宙。最好的教育,不是只要求孩子做,而是用行动给孩子树起一个堂堂正正的"人"的标杆。

第七课:独立思考是学知识求真理的前提。

马皓文当然也关心儿子的成绩,但他更关心儿子是不是爱思考。他对马飞说:"爸爸在乎的是,你的脑子是在睡觉,还是一直在转。"他希望孩子学的不止是知识,还有思想和方法。当我们的教育把丰富多彩的世界变成试卷上的 ABCD 中的唯一选项时,马皓文说答案中还应该有 EFG……一直到 XYZ。当儿子的作文被判零分,而闫主任给出的解释是"高考有标准答案"时,马皓文问:"美有标准答案吗?"几十年来中国的基础教育似乎"硕果累累",包括在国际各类学科竞赛中屡创佳绩,但中国学生的创造力很弱,这是不争的事实,因为中国教育把获取知识看得比创造知识更重要。虽然我们从来没有反对过独立思考,但各类考试规则都在无声地告诉学生:谁独立思考谁吃亏!而马皓文的可贵之处就在于,他把思考的品质和方法交给了儿子:"只要脑子一直想,你就能做好地球上的任何事。"马飞也说:"我从爸爸那里学到的,不仅仅是知识,还有独自思考的习惯和面对生活的勇气。"

第八课:学会生存是孩子一生中最重要的能力。

马皓文决定带孩子去南海看航展而去向学校请假时,学校不同意,他向学校承诺会在路上给孩子补课。多年后成了宇航员的马飞回忆说:"我们晚上补课,白天旅行。""每天黄昏我们都在田野奔跑。""那是我一生中最甜蜜的旅程。"之所以"愉快",是因为父亲给孩子补的"课",很多是课本上没有的知识。在马皓文看来,孩子未来需要的不仅仅是书本上用于考试的知识,还有面对人生困难的勇气,更有应对种种意想不到的困难的生活能力。洪峰到来之前,马皓文在风雨中绝望地对可能困在屋内水中的儿子呼喊:"马飞,我是爸爸,我不知道你能不能听见……

如果你能听见，看看你的周围有什么……想办法，动动你的脑子。想办法，你能出来，你能出来！"终于，马飞坐着用门板做成的木筏脱险了。如何制作一个木筏，并不是任何一本教科书里的知识的，但生活需要。可在我们目前的教育下，孩子连自己的袜子内裤都不会洗，将来这些高学历的"巨婴"如何应对未来的生活？

第九课：孩子成长的每一刻都是最重要的。

学校最初不同意马皓文带儿子去看航展，理由是孩子的课程不能被耽搁，因为这是他一生中最重要的时刻；马皓文却说："这不是他一生中最重要的时刻……他一生中最重要的时刻应该是均匀地散布在他的每一天每一分每一秒。"马皓文认为，教育应该贯穿于孩子成长的全过程，而不仅仅是几个"应试"的"关键时刻"；而且，孩子成长的空间不仅仅是在教室，因此教育的环境也就无所不在。而我们目前许多教育者，包括家长，首先把教育内容仅限于应考知识，然后把掌握这些知识的时间又规定为那么几个"关键时期"，同时把孩子的学习空间局限于学校和教室。但马皓文将孩子的每一个瞬间都视为"最重要的时刻"，包括躺在青草芬芳的原野上、奔跑于一座又一座桥梁，还有在已经被变成杂物间的阴暗狭窄的"家里"一次次谈心……最好的家庭教育就是每时每刻、每分每秒的陪伴！马皓文最内疚的，就是他曾经失去了和儿子相处的七年，所以出狱后无论生活多么困顿，他始终陪伴着孩子，因为"最重要的时刻均匀地散布在每一天每一分每一秒"。

第十课：建立民主平等的亲子关系。

作为一种生活方式，民主的核心是尊重。我之所以说马皓文是一个民主的爸爸，就是因为他没有把自己当作家庭君主，没有把儿子当作自己的大臣甚至奴仆，而是视为一个独立的、平等的"人"来尊重。我们丝毫看不到马皓文有传统父亲那种至高无上的"尊严"和不由分说的霸道。他总是倾听孩子的烦恼，理解孩子的委屈。作为有血有肉的人，马皓文也忍不住急躁、发火，也会犯错误。但当他意识到自己犯错之后，会向孩子认错："对不起儿子，爸爸也只是第一次学着当爸爸，所以爸爸也会犯错误。"他总是平等地陪伴着孩子成长，在孩子成长的过程中，他也在学习做父亲，也在成长。影片主题曲中有一句歌词："我的孩子，谢谢你教会我什么是爱。"听到这里，我真的热泪盈眶。在中国，有多少真心爱孩子的家长，能够同样真心地俯下身子和孩子平等相处，诚心诚意地向孩子学习？而在陪伴孩子的过程中向孩子学习，在引导孩子的同时和孩子一起成长，是亲子关系的最高境界，也是马皓文作为父亲的成功之处。

……

"银河补习班"所开设的课程，也许还不只我说的这些，比如马皓文也给孩子补习功课，马飞说："我们晚上补课，白天旅行。"不然，马飞后来考试成绩不可能突飞猛进，更不可能考上飞行员。但从长远来说，应试功课所体现的知识真的不是最重要的。所以，在"银河补习班"里，具体的功课补习只是很少很少的一个内容。马皓文更多的是对孩子进行关于信心、理想、意志、兴趣、思维等做人素质的"补习"——因为这些在学校应试教育的背景下，严重缺失了。

电影里有一个高考结束后考生们在欢呼声中撕书和试卷的场面。"漫天雪花"中，闫主任很得意地说，这是他唯一允许学生们的狂欢。马皓文却说："如果刚刚考了高分的孩子们都如此迫不及待地要扔掉自己的课本和试卷，我很担心他们是不是真的热爱学习。"是的，如果不具备作为人的全面素质，只是孤立而功利地学知识，也培养不出真正热爱学习的人。我在外讲学也经常以这个"雪花飘飘"为例，说明孩子们表面上是在欢呼，实际上是在发泄，而且多数人从此不再真正自愿而愉快地读书（为拿文凭和各类证书的"读书"除外）。

马飞所"补习"的，正是学校所淡化的，而他父亲马皓文的"补习"方式，并不是空洞的说教，而是生活中自然而然的影响，是润物无声的感染。有一个细节我印象很深。晚上，和爸爸待了一天的儿子说："那你现在就开始辅导我功课吧！"爸爸说："可是我已经辅导你一整天了。"教育，应该是这样不知不觉，不声不响，天衣无缝，了无痕迹。正因为经过了这样的"补习"，马飞最后成长为一名优秀的宇航员。

但这部电影最合适的观众并不是孩子，而是家长。因为我归纳的"银河补习班"各门课程，都是目前中国绝大多数父母最应该"补习"的。关于家庭教育的重要性，不言而喻。但我还是想强调我说过的观点——

学校教育非常重要，但无论多么重要，它都只是家庭教育的重要补充。

任何一个孩子都是家长的素质的折射。孩子的所有优点，都是父母良好品质的再现；孩子的一切缺点，都是家长自身问题的复制。

无论优秀还是糟糕，成功或者失败，每一个孩子首先都是家庭教育的"作品"。

父母既可以是孩子飞翔的起跑线，也可以是孩子奔跑的绊脚石。

正是在这个意义上，我真诚建议所有父母都认真看一看《银河补习班》。

当然，以一个有几十年教龄的老教育者的眼光看，还是觉得有些"不过瘾"——该片基本上没有对教育弊端的深层次原因的揭示，完全没有触及教育制度（或者说"教育体制"）的改革，连浅表层次的教育评价制度也没有涉及。尤其是把学校教务处闫主任设计成一个脸谱化的人物，让他来为整个教育制度的问题背黑锅，这大大降低了影片应有的批判力度和深度。当然，我也理解编导人员的苦衷，在目前的环境下，能够有这样的"尺度"已经难能可贵了。他们能够让一个教育领导模样的人——大概是校长吧——在听了马飞朗读作文后说出"像这样有独立思考能力的孩子应该多一点，咱们的国家就会更好"，虽然这话不痛不痒，但已经相当不错了。

所以，我要向《银河补习班》的主创人员表达由衷的敬意，并向首先包括家长在内的所有教育者郑重推荐这部电影。

2019 年 7 月 26 日

假如儿子没有成为宇航员，马皓文的教育就失败了吗？

——兼谈我对《银河补习班》的遗憾和对创作者的期待

一

看完《银河补习班》走出影院，我第一时间发了一条朋友圈："没有什么语言能够表达我对《银河补习班》的赞美！"我这样说，并不意味着我认为这部电影无懈可击。作为一个教育人，一直盼望出现既正面倡导先进教育理念又富有感染力的电影，哪怕不那么完美，我也要为之点赞，比如《银河补习班》。

昨天那篇《"银河补习班"都开设了哪些课程？》，丝毫没有对电影进行艺术方面的评论，那也不是我的专长——已经有人从电影艺术方面对该片进行了褒贬不一的评论；我只是从教育者的角度谈影片所呈现出来的教育理念，特别是家庭教育的理念。我今天依然只谈教育，不谈艺术。在"应试教育"愈演愈烈的今天，家庭成了分数搏斗的另一个战场，家长们成了功利主义教育的推波助澜者，考名牌大学、冲状元成了千千万万家长对孩子的期待……在这样的背景下，能够有这样一部倡导"做人第一，全面发展"育儿理念的电影,我当然要为之喝彩。

但是,如果说从冲击传统的"分数至上"教育理念的角度看,《银河补习班》的主创者们算得上一群"革命者"的话,那么,他们还不是彻底的"革命者"。编导通过马氏父子共同成长的故事,形象地展示"做人第一,全面发展"的素质教育理念,深深地打动了观众;可是,在离真正理想的素质教育境界还差"最后一公里"的时候,他们又堕入了传统教育的窠臼:"以成败论英雄"。

假如儿子没有成为宇航员,马皓文的教育就失败了吗?

许多网友也提出这样的问题。在这里,"宇航员"只是一个借代,代指飞行员、科学家、艺术家、企业家、政治家等杰出人才。

二

我认为这个问题非常尖锐,直指教育的本质——我们的基础教育究竟是培养千千万万的幸福的人,还是仅仅造就少数"栋梁之才"?一个民族的崛起,各层次的人才都需要:金字塔尖的"精英"和千千万万合格的劳动者,缺一不可。一个没有杰出人才的民族,是不可能崛起于世界的;一个没有无数普通劳动者的国家,同样难以走向伟大的复兴。

但当前"千军万马过独木桥",太多的家长都把当"人上人"作为孩子的人生目标,学校以一次又一次的考试将考不上大学的孩子无情地"淘汰"出局,让他们失去了社会公认的"成功"的可能。在这种情况下,我们理所当然地应该强调:基础教育的使命,不仅仅是造就拔尖人才,更多的应是培养善良、正直、勤劳、有文化、有创造力、有幸福生活的"人"。

《银河补习班》最大的泪点,也是马皓文最成功的亮点,就是他让曾经被开除的孩子,最后成了万众敬仰的宇航员。这是撑起他家庭教育成功的重要且唯一的支点。但我还是要重复刚才的问题:假如儿子没有成为宇航员,难道马皓文的教育就失败了吗?

我当然知道,好的电影总得有一个好的故事。所谓"好的故事",就包括大起大落的情节,这叫"戏剧性"或"戏剧冲突"。如果没有这么一个富有传奇色彩的故事,电影还有"观赏性"吗?所以电影必须靠许多甚至根本不合理的"偶然""巧合"(比如传递亚运会火炬时桥突然塌了,再如闫主任的儿子从状元到疯子)来"扣人心弦";再说,从传统审美习惯来说,中国人向来喜欢"大团圆",如果马皓文忍辱负重的代价,居然是孩子也"就那样"———一个普通人而已,可能观众也不太会买账。艺术作品总得满足受众的心理需求呀!如果《银河补习班》讲一个"从普通人到普通人"的故事,就不"励志"了,也不"动人"了,自然不会"催人泪下",谁看呀?

但是,如果艺术家们能够把一个普通人的故事演绎精彩,一样能够"催人泪下"。关键是,以"做一个普通而幸福的人"来展示教育的真谛,更能体现出教育的"必然",因为绝大多数观众的孩子,都不可能成为宇航员,相反,他们成为普通劳动者的可能性倒是很大。一个"差生"成长为飞行员的几率微乎其微,近乎于"偶然"。靠"偶然"来支撑先进的教育理念,必然缺乏更加充分、更加深入人心的说服力。

三

是不是一定要让主人公成为类似于宇航员的杰出人才，电影才能叫好叫座？我看未必。

大家公认的教育经典电影《放牛班的春天》，讲的是一位失业的音乐老师面对一群顽劣孩子的故事，展示的不过就是他和孩子们相处的一些经历：老师用爱心滋润着无法无天又可怜无助的孩子们，他专门为孩子们谱写歌曲，用纯净的音乐解脱了束缚孩子们身心的绳索，抚慰他们受伤的心，更净化了孩子们的心灵，影响了他们今后的人生。教育的爱和宽容，让所有的观众热泪盈眶。还有《死亡诗社》，新来的文学老师基汀有感于传统名校的严肃刻板，以一种全新的方式打开了教育的大门：他带学生们在校史楼内聆听死亡的声音，以此反观、审视、品味生的意义；他让男生们在操场上高声宣读自己的理想；他鼓励学生思想自由，用不同的视角打量世界……这样的电影，同样震撼人心。

假设同样是"马皓文"，他依然有着先进的教育理念和做法，培养的孩子却是一个平凡岗位上的"大写的人"（如果说宇航员在生活中属于极个别的幸运儿，那么这样的善良的普通劳动者则是绝大多数），这样的故事一样可以跌宕起伏——

善良如何被骗仍然善良？忠诚如何被疑照样忠诚？正直如何在这个世界处处碰壁又顽强不绝？理想的火炬如何在现实的风中几近熄灭却依然熊熊燃烧？纯真如何注入智慧的含金量？面对生活的种种意外，如何保持一种坚守良知而又积极乐观且富有弹性的生活态度？……正如罗曼·罗兰所说，这个世界上只有一种真正的英雄主义，那就是认清生活的真相，并且仍然热爱它。

四

当我写下这些话的时候，我的眼前是我一届又一届学生的形象。十年过去了，二十年过去了，三十年过去了……他们当中有杰出人才、行业精英、业界领袖，也有教师、医生、律师、商场服务员、公交车司机……他们都是我的骄傲。他们的故事足以坚定我的教育信念：教育，就是让每一个人成为最好的自己。正如成都市武侯实验中学校歌所唱："大树顶天立地，小草纵情歌唱。"

不过，就目前的现实而言，当"大树"是不需要鼓励的，因为太多的家长都认为自己的孩子注定是要"顶天立地"的，因而拼命地将孩子往"人上人"的路子上催赶；而做"小草"则被很多家长认为"没出息"——我要特别说明的是，这里的"小草"并非指生活潦倒的"无业青年"，而是指不显赫、非著名的自食其力者，他们同样有符合自己志趣或专业特点的工作，以及不一定"年薪百万"但也足以过上体面生活的收入。我把他们比喻成"小草"仅仅取其平凡普通之意，或者说并非世俗意义上的"出类拔萃"。是的，平凡不一定不幸福，普通不一定无成就。

这就是我认为如果将马飞的"人设"定位为普通的成功者更具普遍意义的理由。

如果真的把这个故事讲精彩了，《银河补习班》也许更能打动千千万万观众的心。

五

其实这一点,导演并非没有想到。昨天那篇《"银河补习班"都开设了哪些课程?》的文章受到导演俞白眉的关注,他在文后留言——

其实我非常同意马飞的命运可以有很多种,不必非得是世俗意义上的成功,只要他遵循自己的内心做自己喜欢的事情,就是非常积极的人生。电影里的马飞不过是由于个人兴趣正好做了航天员而已。可惜电影的主角只能有一种命运,无法承载更多的教育内涵。

我理解导演,由于种种原因,目前也"只能是这样"。

因为这部电影和我的评论,我认识了俞白眉导演。在和他聊天中,我能够感受到他对教育发自肺腑的热爱、刻骨铭心的感受和富有深度的思考。

比如,包括我在内的一些观众误以为他把"闫主任"当作所有教师的形象来否定所有教师,在我的微信圈里,甚至有人认为编导对教师有偏见。其实不是,俞白眉说,他对闫主任给予了无限的理解与同情。影片中还有一位暖人的高天香老师。我看片子的时候,以为这是作者塑造的一个理想的教师形象。但今天俞白眉导演对我说:"我也曾碰到过一位有教无类没有分别心的好老师——我初中的班主任高天香老师。所以电影里我用这位已经去世的老师命名了年轻女教师。"聊到这里,我心里一热,我感到了导演内心深处对教育的温馨和对教师的感恩。

俞白眉导演跟我说了他受教育历程中的一些亲身感受：大学一位同班同学曾经是市状元，但一考上大学便失去目标，第一年门门不及格，考上大学让他彻底失去了人生目标；绝大多数学生考大学的时候没有人生目的，虽然是"状元"，却对世界一点儿也不好奇，甚至对知识也不好奇。"我写梦想是箭靶子，完全是有感而发，是自己一辈子经历的最大感受。"

由此可以理解他对教育的深度思考："中国教育没有人会跟孩子提问，你长大后想干什么？"他由此追问教育的意义，以及教育应该给孩子带去什么。我发了几篇我的教育随笔给他看，引起了他的共鸣，尤其是我们对高考结束后校园里为什么会出现"漫天雪花"场景的理解高度一致。

我给他看了我的一篇演讲录，里面讲了苏霍姆林斯基的观点："人是教育的最高价值。"他大为赞同，并决定要买一本苏霍姆林斯基的著作来研读。

六

我坚信俞白眉和《银河补习班》的创作团队未来能够创作出新的更有深度的教育电影。

教育，关系着千家万户，是当代中国最热门的话题，也是最复杂的话题。如果说教育改革的具体政策措施是教育部以及各级政府的事，那么将这些改革化为课堂行为则是广大教师的责任。而要赢得全社会的理解以及千千万万家庭的支持，则有待于也有赖于无数普通百姓观念的转变和行动的配合。这当中有多少思想与行动的矛盾、理念与制度的冲突、教育与社会的碰撞？这一切的背后其实都是观念与观念的"战争"和每一个人自己对自己的"革命"。而表现这样惊心动魄的"战争"与"革命",恰恰为艺术家们创作出史诗般的教育经典大片提供了丰富多彩的原型和源源不断的素材。

我们因此有理由也有信心期待着。

2019 年 7 月 27 日

电影《我和我的祖国》里
有我年轻时的故事

电影《我和我的祖国》，因为是将一个宏大题材融入一个个普通人的日常生活，并且以细节展示主题，所以很多观众都觉得亲切。

许多细节都让我眼眶湿润。比如，第一个故事中，家家户户都拿着各式各样的金属物品出现在胡同口，真心希望为克服升旗障碍出力，其实他们拿的绝大多数物品是不符合要求的，但那铺天盖地的场面，实在令人感动，令人震撼。

我当时就想，我们的人民是多么淳朴而善良，他们是多么地爱我们的新中国！

我相信，许多观众都从电影中看到了自己或自己熟悉的生活。比如我，就从中看到了我年轻时的故事。

我说的是《夺冠》。这个故事最让我有共鸣，因为片中上海弄堂里的故事也曾发生在我的班上。

1984年秋天，我在四川省乐山一中教初87届1班。当时中国女排正和美国女排争夺冠军。要知道，在整个80年代，中国女排的队员——郎平、孙晋芳、张蓉芳、杨希、朱玲、周晓兰、陈亚琼、梁艳、周鹿敏、陈招娣、张洁云、郑美珠……以及她们的教练袁伟民，那可都是全国人民的超级偶像啊！遇到这样的排球赛，我当然不能错过观看，也不能让学生们错过。

于是，我把家里的黑白电视机搬到教室，利用语文课的时间，和孩子们一起见证中国女排的厮杀，每一次呐喊都震动着我们的耳膜，每一次扣球都拨动着我们的心弦……好像我们在现场一样。

中午放学了，可球赛还没结束，有的同学依然坐在电视机前，目不转睛地看着比赛；有的同学受不了饿，便匆匆去食堂打饭，又赶紧回到教室端着饭盒站在电视机前看。

终于，中国女排夺得了最后的胜利，再次赢得冠军。教室里欢呼起来……

我在现场不只是观看比赛，还用自己省吃俭用买的海鸥牌120双镜头相机，为孩子们拍了一组照片——而且这些照片都是我自己冲印的（当时为了省钱，我买来显影粉、定影粉，学会了暗房制作）。

今天看着这些不太清晰的黑白照片，当年的激情，依然穿越35年的时光扑面而来。

如今这些学生已近五旬，我相信，他们在看《我和我的祖国》时，思绪一定也回到了35年前的那间小小教室，他们也一定想到了自己少年时面对黑白电视喝彩鼓掌的时刻，因而热泪盈眶。

那也是我的青春时代。

1984年，是我工作的第三年，我的教育生涯刚刚拉开序幕，以后几十年，我和新中国一起前行，或欣慰，或忧虑……直到今天。而无论欣慰还是忧虑，都是因为——"我和我的祖国，一刻也不能分割"。

2019 年 10 月 13 日

电影《中国机长》中
有我学生的故事

一

惊心动魄,扣人心弦。

这是我看《中国机长》时的感受。

根据真实事件改编的电影,按说已经没有了悬念,但电影依然拍得让观众的心提到嗓子眼儿。我个人认为,至少在这一点上,《中国机长》总体上是成功的。

无论是电影评论,还是飞机驾驶,我都是外行,因此我无法从专业的角度写所谓的"影评",但我想说说机长刘长健(原型为川航机长刘传健)给我的印象——高度的责任心、非凡的心理品质和精湛的专业技能。这些飞行员拥有的至关重要的必备素养,让刘传健创造了史诗般的奇迹。

张涵予饰演的刘长健很有硬汉气质,但真实的刘传健朴实温和,宛如邻家大哥。这样的真实更让我感到亲切可信。

不过,要说高度的责任心,恐怕所有的飞行员都具备——谁不愿意安全地返回地面呢?但是,如果同样都具备责任心,却没有非凡的心理品质和精湛的专业技能，属于"心有余而力不足"，遇到同样的险情，恐怕只能是机毁人亡。

那么，除了责任心之外，心理品质和专业技能相比，哪个更重要呢？我想还是专业技能。技能越高超就越自信，越自信就越冷静，心理状态自然就越好；心理状态越好，技术操作就越沉着从容，最后必然战胜险情取得成功。刘传健就是这样缔造"民航传奇"而成为"英雄机长"的。

所以，说来说去，实力决定一切。这里的"实力"，就是指过硬的专业本领。

由此，我想到了教师。应该说绝大多数教师都是有责任心的，但不一定有与责任心相匹配的专业技能。有的老师真心爱教育爱孩子，但课上得一塌糊涂，成绩目不忍睹。这样"好心"地误人子弟，真是可悲。所以我多次说过，爱心，一定要体现在教育智慧上。

刘长健机长最后说的一句话适用于所有职业："敬畏生命，敬畏职责，敬畏规章。"

教育也是如此。敬畏生命，就是善待每一个成长中的孩子，呵护他们的精神世界；敬畏职责，就是要小心翼翼甚至战战兢兢地谨慎对待每一堂课和每一份作业，做一个纯粹的教育者，教育就是你的天职；敬畏规章，就是严格遵守教育法规，不要以"好心"为由去触碰一些底线和红线——近年来这样的例子不少，但每次舆论都同情违法的老师，总说他们"是好心""是负责的老师"。

看来，对教育来说，仅仅有爱心，的确是远远不够的。

二

除了机长刘长健让我敬佩,影片中的其他角色也让我感动——特别是空姐们。

我坐飞机的频率是比较高的,而且多数时候我都首选国航或川航——这也是我看这部电影感到格外亲切的原因。坐在机舱里看不到飞行员,打交道最多的就是空姐了。她们美丽——我常想,这么多的漂亮姑娘密集于小小的空间,也算是奇迹绝景呢;她们温柔——我曾想,要惹恼她们真的是一件挑战智商的事,因为我见过个别乘客蛮不讲理,可空姐总是微笑着,柔声细语,从不生气。

但在危急时刻,她们却表现出无比的英勇和坚强,用自己从容镇定的气魄和专业细心的服务,尽可能平息或缓解乘客们紧张恐惧的心理。这点在电影中有充分的表现。其实,作为女孩子,她们内心也许比乘客们还恐慌害怕呢。但职责所在,她们便临危不惧,迸发出泰山崩于前而面不改色的英雄气概!

"一定要更加尊重空姐们!"看电影时我不止一次情不自禁地这样想。这种尊重不是故作礼貌,而是发自内心的敬意。每次走出舱门前对微笑说"再见"的空姐回一声"谢谢",而不是完全无视她们的热情道别,漠然走过。就这一个细节,就表明并表达了我们对姑娘们在整个航程中为我们付出辛劳的真诚感谢。

看见她们,我就想到我的学生,因为我有好几位当空姐的学生。

有一次,我乘飞机从成都去呼和浩特。刚登机进入舱内,便有一空姐走上来向我鞠躬问好。她说："我是武侯实验中学 2010 届的学生，您是校长，还在我们班上过课呢。"我问她的名字，她说她叫"李义然"。她在我眼中变得亲切起来。我们聊了几句。她说读的是航空职业学校，毕业后来到川航，做了一名空姐。

因为乘客们正鱼贯而入，我知道她正在工作，不好多和她聊，便请旁边的一位乘客为我们照了一张合影，她便匆匆忙忙去了。

但我心里一直很温馨而且自豪。

昨天，我在看《中国机长》的全过程中，就想到了李义然，还想到了其他几位当空姐的学生，当然也想到了好几位机长。虽然他们的航空专业技能和我没有关系，我只是当过他们的中学班主任并教语文而已，但我还是因他们而得意。

三

昨天还没走出电影院，我就给吴镝打电话，第一句话说的是："我刚刚看完《中国机长》，更佩服你了！"

吴镝是我在成都市玉林中学初 98 届的学生，当年是一个非常聪明可爱、多才多艺的男孩。我至今记得，进学校不久我给他们开了一个主题为"露一手"的班会活动课，让刚小学毕业进入初中的孩子们展示自己的"绝活儿"。吴镝以小提琴演奏征服了大家，后来又参加小组唱歌，给同学们带来了快乐，也让我初步见识了他的多才。

其实，他不仅仅会拉小提琴和唱歌，还擅长书法，成绩也非常棒。小平同志去世时，班里举行悼念活动，黑板上的"小平爷爷一路平安"就是他写的。

尽管当年我就知道吴镝优秀，但也没有想到后来他成了一名中国国际航空公司的飞行员，当上了机长。

昨天，我和他在微信上聊《中国机长》这部电影，他说："艺术永远来源于生活而高于生活。虽然电影在某些情节上为了剧情的需要，作了改写，但整个片子体现出了民航人的职业操守。从丢家舍口参加航班飞行，到飞机上乘务员不被旅客理解，最后地面空中通力配合，让航班安全落地，无一不在展示民航人默默奉献、勇于担当的精神。应该说，片子写出了民航人的'精气神'。只是，如果我是编剧，可能剧本还会精彩一些。"

我说："你也是机长，如果你来做编剧，会怎样写呢？"

他说："如果我写剧本，会这么写：民航业的特点是千锤百炼终成钢，因此前面会写一些训练场景。我们有句话，叫'把模拟机当真飞机飞，把真飞机当模拟机飞'，是什么意思呢？就是飞模拟机训练的时候要严肃认真，不要认为它是'假飞机'就不以百分百的心态和标准去对待它，对待模拟机训练就要像真实航班一样。而真飞机遇到故障，要像飞模拟机一样临危不惧，就像电影里说的一样，'我们受过专业的训练'。所以剧本最前面应该是模拟机训练和机长成长的渲染，然后在遇到这次事件时，让机长想起了模拟机那些场景，千百次的训练才有了这一次的化险为夷。"

这真是专业人士才有的角度。

其实，在去年川航 3U8633 航班克服险情成功着陆后，吴镝就以相当专业的素养写过一篇文章。

我跟吴镝说了我看了电影的感受，说了"责任心大家都有，但最重要的还是非凡的毅力和高超的技能"的观点，然后问他：

"你遇到过类似的险情没有？"

他说："我飞行了 12 年。大的险情没有遇到过，小的险情还是有遇到过的。飞行是一个细致的工作，它塑造了我的性格。需要精益求精、严谨和有敬畏之心。这就是为什么片子最后会讲到'敬畏生命，敬畏职责，敬畏规章'。所以恰恰相反，飞行员最重要的不是非凡的毅力和高超的技能，而是持续的高度的责任心。毛主席说过，做一件好事容易，做一辈子好事难。飞行员也一样，保证一天的安全容易，保证一辈子的安全难。"

和我的观点不同，他认为最重要的还是高度的责任心。我理解他。

我让他发几张他身着飞行员服装的照片给我看看："最好是在驾驶舱的工作照。"结果他说："我没有在驾驶舱拍过工作照，因为我认为，驾驶飞机是一件很严肃的事。"

我一下有些不好意思了，在我们看来"很好玩"的事，在他看来却是"很严肃"的事。这就是对职业的"敬畏"。

但他发了几张他和孩子们在一起的照片，他解释说："这几张照片是我给小朋友讲有关航空的科普知识。"

照片上，身着制服的"吴镝叔叔"正在和小朋友们讲述着。看着那些天真无邪的小朋友，我眼前浮现出当年也是"小朋友"的吴镝同样可爱的样子。

我又问他："你现在还拉小提琴吗？"

他给我发了几张照片作为回答。照片上，他和一群帅小伙正在舞台上演出，吴镝正十分投入地拉着小提琴。

他非常自豪地对我说："那一年，我带领我们乐队——这是中国民航唯一一支由一线飞行员组成的乐队，夺得'国航达人秀'总冠军。"

我太为吴镝自豪了！我给他发去一个表情包："你的智商太高啦！"

其实，吴镝让我自豪的远不仅仅是智商，还包括高智商在内的优秀的综合素质。

去年，我在成都市玉林中学上"最后一课"，吴镝专门赶来听课。他专注的表情，让我仿佛又看到了当年的他。

四

在电影《中国机长》中，由袁泉饰演的乘务长也给我和观众们留下深刻印象。她一出场，我就想到我的学生燕青，她在国航当了六年乘务员、八年乘务长。

燕青也是我在成都市玉林中学的学生，和吴镝同级不同班，但我也当过她的班主任、语文老师——那时候，我一个人当两个班的班主任，同时教两个班的语文。

燕青所在的班级调皮学生很多，但燕青很乖，明显比其他同学成熟懂事，所以同学们选她为班长。虽然担任班长，但因为性格比较内敛稳重，没有一般女孩的活泼开朗，她很低调，总是默默地为同学们做着班长的服务工作。不知是不是当班长的服务工作锻炼了她的服务本领，后来她把服务的本领搬到了天上，成了一名空姐，而且做得非常优秀，不然怎么会当上乘务长？

但燕青对《中国机长》却不满意。昨天我在她的微信朋友圈里，看到了她对《中国机长》的评论——

简单说说《中国机长》，其实让我有点失望。作为业内人士，明白川航这次事件在全球民航史上是多么伟大的奇迹！但是片子好尬啊，整个故事都没有达到期望值，张涵予的戏份、台词、面部表情的变化都太少了，完全没有把刘传健死里逃生力挽狂澜的过程和心路历程表现出来！大量篇幅表现的都是空地配合、陆空通话、机组人员的一天……还有最后，副驾驶都被吹成那样了，也没有人关心他的伤势，医护人员也没上来抬走他，这人还可以下去撩妹，真是醉了。虽然艺术高于生活，但我觉得它展现得不及真实事件的一半。我曾经看撒贝宁采访刘传健机长以及整个事件的报道时，几度泪流满面……

总的来说，就是内心戏太少了！男主太空洞，这么大的事情，死里逃生，刘机长的面部没有变形、头上没有冷汗、眼里没有恐惧，眼神依然那么正义凛然，最后还跟旅客说：抱歉，我没能把你们准时地送到拉萨……其实我宁愿他浑身发抖、狼狈不堪，然后给妻子打电话失声痛哭，说：活着真好……唉……

我在后面留言："专业人士的专业评论。"

我们业外人士很感动，燕青对电影却"有点失望"。这就是专业和非专业的区别吧。

我在微信上对燕青说："刚看了《中国机长》，太佩服机长和空姐了。看的时候老想到你。你太了不起了！"

她回我说："没有哈李老师，相信绝大多数经验丰富的乘务长都能像袁泉一样沉着、冷静、专业、有气场。可是并不是每个机长都能在这种极端情况下把飞机安全落下来。所以,在我们心中,刘传健机长真的很伟大,是英雄,是传奇!"

燕青现在是两个孩子的妈妈,她的老公也是飞行员。一家四口其乐融融。

几年前燕青这个班的学生聚会时,我隐约听她说过,她曾经在飞机上因为遇到险情而骨折,昨天便问她具体经过。她给我回复道——

那是2006年9月,北京—成都航班。成都区域下降时,客舱乘务员进客舱去致谢以及作安全检查,我作为厨房乘务员则开始对厨房进行最后的清理及回收。飞机缓缓地下降着,没有任何的异常,我井然有序地收拾着。突然间,飞机剧烈抖动起来,用我们专业术语来说,就是"严重颠簸",我赶紧蹲下,手紧紧抓着工作台的边缘。这时的颠簸已经完全让我无法站立,想回到自己的乘务员座椅都没办法。而万万没有想到的是,飞机"噌"地一下急剧下降,至于它往下掉了多少米,我没有概念,只知道伴随自己以及外面旅客们"啊……"的尖叫声,我飞了起来,然后顶到了飞机的天花板!我一定像只蛤蟆一样,四肢扒拉着,极力想抓住一根救命稻草。那一刻,我真的不知道发生了什么,我觉得我可能快要死了……大概飘浮了两秒钟,感觉头顶有股巨大的压力把我往下压,然后看见地板又离我越来越近——我和地板像两列相对的火车重重地撞在了一起……

我坐在地上无法动弹,浑身都疼。落地后是由一名男乘把我背下飞机的。后来去医院看急诊已是凌晨两点。病历本上是这样写的：左足第三跖骨基底部骨折；第2、3、4、5根脚趾脱位；左踝处韧带拉伤。我在医院接骨接了三次，没有打麻药，那种撕心裂肺的痛我至今都不愿去想。我可以很确定地说，那比生孩子都痛……

经历了这个，我心存阴影，同时也心存敬畏——无论是坐飞机还是坐车开车，我随时都会系好安全带。安全带真的是保命的东西！

读到燕青的这段经历，我的心又提了起来，好像又回到了《中国机长》的情境中——袁泉扮演的角色就是燕青。

五

看了《中国机长》我还有一个感受：中国最美、最优雅的姑娘，不仅在演艺界，也在民航的班机上；中国最帅、最精神的小伙儿，不仅在赛场上，也在民航的驾驶舱里。

此刻，我在飞机上写下这篇文章。来来往往的空姐依然亲切而温柔，我感觉她们每一个人都是我的燕青；而我看不见的驾驶舱里，飞行员正在从容地驾驶，他就是我的吴镝。

2019年10月16日傍晚于成都至上海的航班上

为什么"有的孩子是孩子，有的孩子就是个禽兽"？

——看电影《误杀》的一点感想

电影《误杀》的确很棒。构思新颖，情节紧张，演员出色——不但老演员陈冲宝刀未老，而且她17岁的女儿初次"触电"也很出彩……总之，无论内容创意还是艺术表现，可圈可点之处甚多。

我不想也无力全面评价该片，只想说说电影中最戳中我心灵的一句台词——"有的孩子是孩子，有的孩子就是个禽兽"。

这是两位母亲——一位是警察局局长，一位是平民百姓——对峙时，后者怒目而视，对着前者咬牙切齿说出的话；而前者听到这话时，本来凶狠的目光渐渐透出胆怯和心虚，继而转过了脸，以躲避对方凌厉的眼神。

这是整个影片最精彩也最震撼我心灵的一个镜头。

"人之初，性本善。"每一个孩子来到这个世界的最初一刻，眼睛都是那么清澈纯洁，可为什么到后来有的孩子是孩子，有的孩子是禽兽？

原因很简单——不同的教育所致。

这里的教育当然主要指的是家庭教育。

先说李维杰的女儿。安安还小，暂且不说。就说已经读高中的大女儿平平，虽然在父亲面前有些任性，但总体上，她纯真善良。这当然是受其善良勤劳的父母潜移默化的影响。电影里直接表现李维杰夫妇教育孩子的镜头不多，甚至几乎没有，但有一个细节，则折射出了父亲李维杰的"家庭教育"——

他看到小女儿安安为了让爸爸兑现"等你考 100 分，爸爸给你买口琴"的承诺，笨拙地将试卷上的 70 分改成 100 分。李维杰一下意识到，是自己的一系列"作假"（虽然这些"作假"是为了保护家人不再受伤害，但毕竟在女儿幼小的心灵里还是"作假"）对孩子的"示范效应"，他为此感到愧疚。我认为，最后李维杰毅然向警方自首，这份愧疚是原因之一。这就是一个父亲，也是一个男人的担当。

最好的教育莫过于感染与示范。生活在社会底层的李维杰，仅有小学文化，对孩子说不出"做人"的大道理，但整个家庭充满的爱（包括李维杰夫妇之间的爱）的氛围，以及他对女儿偶尔任性的理解和宽容，让他的两个女儿始终是"孩子"。

再看另一个家庭。

作为高二学生的素察，生活在"高贵"家庭，母亲是警察局局长，父亲是国会议员。但他的言行，却让观影者切齿。有一个细节，当他准备继续凌辱平平时，被及时赶到的平平母亲怒斥，并试图阻止，他居然恬不知耻地对平平母亲说："那你代替她呀！"很难相信，他还是一个不过 16 岁的孩子。

看了素察的恶行,我想没有人会想"这孩子是哪个老师教的",而只能叹息他的父母严重失职,没有把他教好。

所以我说,这样的恶少,只能是不良家庭教育的恶果。

作为一部扣人心弦的悬疑片,这部电影的主题并非家庭教育,所以直接表现局长和议员教育孩子的内容不多。但我们从不多的细节中,依然可以清晰地看到素察所接受的是怎样的家庭教育——

素察不过16岁,母亲就给他买了一辆车,还对孩子的父亲说:"孩子已满16岁,有辆车不是很正常吗?"孩子差点把同学眼睛戳瞎,母亲没有一点批评,更没有带着孩子到受伤者家里道歉,而是拿出十万泰铢息事宁人。这两个细节,就充分说明,这位警察局局长对孩子的"教育"是:百般娇惯,纵容包庇。

知道儿子差点把同学眼睛戳瞎后,父亲的"教育"就是一记重重的耳光,将孩子打出家门;当得知儿子失踪几天后,他对妻子说的是:"再不回来,就停掉他的信用卡!"他依然以为一切都可以用"钱"来解决。而父亲之所以如此暴怒,与其说是担心儿子,不如说更多的是害怕此事影响了自己的市长竞选。从这两个细节中,我看到这位议员、市长候选人对孩子的"教育"就是:冷酷无情,粗暴打骂。

电影结尾,他对平平父亲说:"失去名利、地位都没有我们失去孩子那么痛苦。"这痛彻心扉的悔恨,让我想到了苏霍姆林斯基曾经对父母们的忠告——

无论您的工作或生产岗位多么重要、复杂或需要创造性,请您记住,家里还有一项更重要、更复杂、更细致的工作在等着您去做,这就是育人。您的工作可以找人替代,无论您从事的是什么职业——从畜牧场的看门人到部长。而真正的父亲是无可替代的!

是的,这个世界不缺市长候选人,也不缺警察局局长,但作为孩子的素察却缺一位合格的父亲,也缺一位合格的母亲。

我曾经不那么严谨地把家庭教育分为四类——

第一类是"溺爱型",其特点是放纵,迁就,百依百顺,家里的一切都以"小皇帝"为中心;只管孩子吃饱穿暖,成绩优秀,而不管孩子的品德养成。

第二类是"专制型",其特点是以家庭君王自居,专制霸道,与子女的关系毫无平等可言;无视儿女的尊严,不把儿女当人看;态度蛮横,方法粗暴。

第三类是"隔膜型",其特点是忽略孩子的内心,朝夕相处却不知道孩子在想什么,缺乏平等而有效的心灵沟通。

第四类是"民主型",其特点是把孩子当作一个有独立人格的人,随时自然而然地倾听孩子的内心世界;既在品德发展上严格要求,又在人格上尊重孩子;和孩子平等相处,建立互相学习、共同成长的亲子关系。

我曾写文章说:"学校教育非常重要,但无论多么重要都只是家庭教育的重要补充。"其实这并非我的"原创观点",我说的不过是常识。但有人不以为然。现在,电影《误杀》又为我说的常识提供了一个有力的论据。

从《误杀》中，我们看到素察所接受的家庭教育刚好是前三种家庭教育类型的"完美整合"——母亲溺爱，父亲专制，而两人都和孩子在心灵上有着严重的隔膜。

这样的家庭教育，其孩子不成为"禽兽"才怪！

从这个意义上说，杀死（当然是"误杀"）素察的正是他的父母！

2020 年 1 月 7 日

体育和政治应该分开吗?

——看电影《夺冠》所想到的

这不是一篇影评,我不是专业的电影评论人,没有能力从纯电影艺术的角度对《夺冠》进行分析。我只是以一个普通观众的身份,谈谈我的感受。

1981年11月,中国女排在日本夺得第三届世界杯女子排球赛冠军时——这是中国女排"五连冠"之始,我正读大学。当时我和同学们狂欢:把被面当旗帜,把脸盆当铜锣,把水瓶当爆竹……当时,我和我的同学以及我们那一代的青年都感到,女排夺冠让中华民族扬眉吐气了,她们在国歌声中举起奖杯的那一刻,就是中国的胜利。"学习女排,振兴中华",这是我们那一代青年人自发的心声。主教练袁伟民一时间成了民族英雄,此外还有孙晋芳、张蓉芳、郎平、陈招娣、朱玲、杨希、周晓兰……我现在完全凭记忆随手写下40多年前中国女排主力队员的名字,她们就是我青春时的偶像。

我因此特别不理解,为什么《夺冠》中有郎平的名字,却没有袁伟民、孙晋芳、张蓉芳和陈忠和的名字?毕竟这是一个虽然和郎平有关但绝不仅仅是郎平一个人创造的奇迹。连新女排姑娘们都以实名出现在银幕上了，老女排的队员居然只以角色名指代。这实在说不过去！

不过，无论如何，看《夺冠》，重睹中国女排的风采，就是在回味我的青春。

改革开放后，有一种说法逐渐占上风："体育就是体育，何必把体育扯到国家崛起、民族振兴的高度。让体育回归体育。"这话今天说来，我举双手赞成。但具备这样的心态，得有一个前提，就是国家本身是强大的。当一个民族在政治、经济、科技、教育、军事、文化等方面，具有了足够的实力让世界佩服的时候，输一场球或赢一场球，微不足道。因为这个国家已经不需要什么来证明自己的强大了。

但时间回到上世纪70年代末，经历浩劫的中国百废待兴，一下发现我们已经被世界甩出去很远很远。电影中的教练说，他第一次出国时，在宾馆房间看到冰箱、电视、空调，一下傻了，因为从没见过这些东西。这个细节并非虚构。"文化大革命"结束后，时任国务院副总理的王震去英国访问，就震惊于英国工人阶级所享受的高度发达的经济与社会发展水平。

中国太渴望奋起直追了。于是，小小排球便承载着一个民族的光荣与梦想。这时候，排球还只是排球吗？

今天看起来很"可笑"的事，在当年却无比神圣而庄严。

体育与国运相连，不仅仅是曾经的中国。

2007年的亚洲杯上，处在战乱中的伊拉克球队站在比赛场上的时候，观众为他们送上的掌声，已经不仅仅是在为足球喝彩了。后来伊拉克球队传奇般地夺得亚洲杯冠军，他们赢得的也不仅仅是足球的胜利。

但愿我没记错：2017年9月5日，在俄罗斯世界杯预选赛亚洲区十二强赛A组的最后一轮比赛中，叙利亚2∶2战平伊朗，积13分，位列小组第三，赢得了参加附加赛的资格。当天叙利亚大批民众走上街头进行庆祝，认为这是一个历史性的时刻。这个阶段性的胜利对于已经陷入战乱五年多的叙利亚来说尤为不易。在这个时候，足球还只是足球吗？

所以，让体育与国家荣光、民族尊严"脱钩"，得看在什么历史阶段。只有当我们因国力的强大而内心也强大起来的时候，我们才不会因一次球赛的失利而感到是"民族的耻辱"。

电影《夺冠》中，里约奥运会中国女排对阵巴西队前夕，郎平对队员们说，之前打得不怎么好，是她身上包袱太重了。她说："曾经一位外国记者问我，你们中国人为什么这么看重一场排球比赛的输赢呢。我说，因为我们的内心还不够强大，等有一天我们内心强大了，我们就不会把赢作为比赛唯一的价值。"

这几句话把什么都说清楚了。

比如2019年11月14日，在阿联酋迪拜举行的2022年卡塔尔世界杯预选赛亚洲区四十强赛中，中国队以1∶2不敌从战火中走来的叙利亚队。而这时，虽然网络舆论也有痛心疾首之声，但总体上来说，一场输给叙利亚的球赛并未让中国趴下，大家惋惜之后，该干嘛干嘛，从容而淡定，谁也不会把足球的得失输赢同国家兴衰荣辱连在一块儿，因为中国的确开始强大了。

也是因为中国逐渐走向强大，我们的体育开始向世界敞开胸襟，虚心向别人学习。从1992年施拉普纳受聘成为中国足球主教练开始，到现在，中国各类体育项目聘请外国教练已经不再令国人惊讶或"感到耻辱"。

也是因为有了这份自信，如影片《夺冠》所展示的，当年郎平出任美国女排主教练乃至后来率领这支队伍在中国战胜中国女排而夺冠，尽管也有人愤愤不平，但中国的主流舆论不但没把郎平视为"汉奸"，相反，有更多的人认为，郎平所体现的是她的职业精神，体育就是体育，郎平敬业，无可厚非。如果她执教美国队，就是"叛国"，那么，那么多应中国人邀请来为中国运动员做训练的外国教练们，是不是也在"叛国"呢？这里，体育和政治分开了。

即使有人非要从"爱国主义"的角度看，郎平的荣誉也同时属于中国，因为她为世界女排乃至世界排球运动作出的重大贡献，毫无疑问，蕴含着中国精神、中国力量和中国智慧。

当然，对这一点不可无限夸大，不然很容易堕入"狭隘民族主义"的泥潭。因为教练郎平的身上，更多体现出的不是"中国"而是"世界"——中国与世界之间的学习、交流、融合的创新与实践。这从影片中她所提出中国女排训练的"三项改革"可以看出，女排精神没有消失，但女排训练却应该跟上世界潮流。所以，中国女排在郎平的带领下重返世界冠军之巅，是真正的"改革开放"在体育方面结下的耀眼硕果。

整部影片最让我震撼的一句台词，是郎平对朱婷说的："你不用成为我，你只要成为你自己。"

郎平是在鼓励朱婷"做最好的自己"，我却由此产生了更多的联想和感悟。这些联想和感悟，也许不是郎平这话的本意,但从"接受美学"的角度说,我希望对此进行创造性的独特理解——

学习英雄,服从集体,牺牲个人,这曾经是一代又一代中国人的自觉意识。国家当然至高无上,特别是当一个国家还比较孱弱的时候,每一个国民甘愿为了国家的强盛而牺牲个人的利益,泯灭自己的个性,这不但可以理解,而且令人感动。但国家强盛的最终目的是什么?不就是为了每一个具体的国民吗?因此,当国家度过了特殊的艰难时期,"国家至上"理应转移到"以人民为中心"。这二者当然不是绝对矛盾的,但有时候确实并非一回事。

只有一个又一个普通的国民,都成了真正的"自己",这才是国家的骄傲;同时,由这无数个"自己"组成的民族,才真正是强大而不可战胜的。

2020年10月5日于稻城香格里拉镇

没有家，哪有国？

——我看《我和我的家乡》

去年看《我和我的祖国》就很感动，后来听说又拍了姊妹篇《我和我的家乡》，我没怎么动心，主观认为不过是跟风之作而已。再加上看之前已经听有人说"不好看"，我心里还想"意料之中"。但因为我的学生胡小鸥参与了该片的创作，所以我还是打算看看。

没想到，《我和我的家乡》让我流的泪比《我和我的祖国》还多。

该片五个故事在"我和我的家乡"这一主题下独立成篇，以轻喜剧的形式来表现庄重的思想和真诚的情感。

五个故事的演绎略有差别，并非达到了同一艺术高度，但都让人捧腹，也让人感动。我不想过多地谈论故事情节，以免"剧透"，但我还是不得不说说最戳中我泪点的"最后一课"。

范伟的表演炉火纯青，出神入化，我认为是整个影片中最出彩的形象。也许由于我的职业也是教师的原因，看到晚年已经痴呆的范老师不远万里，从瑞士赶回当年教过的乡村小学执意要给学生们上"最后一课"时，我完全能够理解他永远抹不去的记忆,尽管这记忆有着那么多的艰辛与苦难,但这是他青春的色彩,他理想的光芒,他事业的源头。为了他这"最后一课",已经长大成人的当年的学生们,不得不商量着制造"骗局"来一起"哄"他,这些学生的孩子假扮爸爸妈妈当年的模样,也就是20多年前范老师的学生。上课时,痴呆的范老师在自己的幻觉或者说梦境中开始上课,尽管语无伦次,却对每一个孩子的特点了如指掌,因为孩子们的一切都已经深入他的骨髓,融入他的血液,成为他的下意识……当完全失去记忆的范老师终于认出已经长大的学生并和他们拥抱时,银幕上的主人公痛哭不止,银幕前的观众们也泪流满面。

我当然想到了我的"最后一课",同样是多年后的师生相逢,同样是以前课堂真实的再现,同样是过往岁月的真挚情感,同样是生命的重叠,同样是青春的交响……不同的是,在最后一课上,范老师的学生是当年学生的孩子,而我的学生依然是当年的学生;更不同的是,我一直在城市教书,而范老师当年是在最贫穷的村子里上课。

家乡是什么?家乡其实更多的是一种苦涩而温馨的记忆,这个记忆往往和小时候的学校有关,和简陋却温馨的教室有关,和沉重而响亮的钟声有关,和校园里某棵大杨树、大槐树、大榕树或者别的树有关,因为树下有许多和老师、小伙伴们的故事……

比如,对范老师和他的学生以及他学生的孩子来说,家乡就是那一间漏雨的教室。关于理想、关于人生、关于祖国、关于世界、关于未来……都是从这间教室里生长出来的。

《我和我的家乡》之所以打动人,很重要的原因是两个字:

真实。尽管电影是喜剧风格，但故事源于生活，内涵更是属于普通中国人的情感。尽管《我和我的家乡·最后一课》的情节有些魔幻主义，在现实生活中是不可能发生的，但因为故事本身的内涵，是属于普通人极为真实的记忆和情感，所以人们忽略了或者说"原谅"了其情节的"匪夷所思"。

相比之下，《我和我的家乡·天上掉下个UFO》则直接取材于现实。该片的音乐创作者胡小鸥告诉我，他所参与拍摄的那个故事完全是根据真人真事改编的，包括两个恋人因为彼此相隔的直线距离只有一公里而最终不得不分手的"悲剧"也是真实的。"这在贵州山区不只一起，很常见。"他说。

要把真人真事改编成有观赏性的电影，主创人员的艰辛可想而知。五个故事，实际上是五个微电影，每个时长只有20多分钟。"越短越难做！"胡小鸥从音乐创作的角度告诉我，"不要小看这25分钟，我们花了很多心血。"为了表现贵州的地域风情和民族特色，他在音乐里用了大量苗族乐器，如芦笙，并请当地专业的芦笙演奏者来吹奏芦笙，还用树叶来演奏。他还说："为了这25分钟，我们还专门去了苗寨、侗寨，素材录音近200小时，当时国内疫情还没有得到控制，大家都很拼啊！"我很惊讶："200小时的素材录音最后只提炼出25分钟？"他说："不，音乐不是25分钟都有，音乐最多有10分钟，而用了素材的最多5分钟。我们的修改不是按'秒'而是按'帧'来算的，比秒还小的单位。难度太大了！"仅仅是影片音乐的制作，难度就这么大，其他创作的艰辛就可想而知了。

而精品就是这样炼成的。

感觉也有不足。五个故事都发生在农村（第一个《北京好人》看似发生在城市，但表舅的困境是因为自己的农民身份，而且医保最终得以解决还是在农村），似乎不太平衡。虽然从"根"上说，绝大多数中国人百年以前都是农村人，但毕竟现在是21世纪了，对大多数人来说，老家可能不是山村而是街巷。所以，影片"家乡"的概念有些狭隘了。另外，用喜剧形式表现乡情是很好的构思，但第一个故事有些过了，葛优的表演无疑是精彩的，但正因为他精彩而自然的搞笑，冲淡了这个故事本应该发人深思的内涵，作为手段的喜剧成了目的，所以后来表舅医保卡的圆满解决倒显得有些生硬和突兀了。

尽管如此，我还是给《我和我的家乡》打高分。对比一下去年的《我和我的祖国》，无论是隐姓埋名于沙漠为国家核事业献身的科学家，还是奋力拼搏勇夺五连冠的中国女排，抑或是香港回归时的升旗手和国庆阅兵的飞行员……都不是普通老百姓的经历，而是我们听到的英雄壮举甚至不朽神话。而《我和我的家乡》不同，里面的人物，就是我们的乡亲、同学、邻居，甚至就是我们自己。

人们常说："没有国，哪有家？"还说："没有国家，个人什么都不是！"这话当然正确，但只是相对意义上的正确，因为这话必须有一个前提，就是巨大的自然灾难和凶悍的外敌入侵。"5·12"大地震，没有强大的国家，一个个家庭显然是无力从废墟上重新站起来的。看看战火纷飞的一些中东国家，当国家贫弱且战乱不断时，一处处家乡也必然成为战场。所以我们说"国破家亡"——因为"国破"所以"家亡"。

但是，就常态而言，从绝对意义上说，没有家，哪有国？家远远早于国而存在，人民建立"国"正是为了保护"家"——实质上是"人"，一个个具体的"人"。如果离开了一个个"家"，哪里还有什么"国"？我们见过没有国的家，却绝无没有家的国。我们爱我们的国，首先就是因为爱这个国中属于我们的家庭以及家里家外的亲人、朋友和一切善良的同胞；我们爱我们的国，就是因为这个国能够保护我们的家和家乡。

结论：爱国，不是爱文章或演讲中的抽象的"国"，而是要爱国人，爱亲人，爱家乡。

从《我和我的祖国》到《我和我的家乡》，"祖国"具体为"家乡"，祖国才落到了实处；"爱国"体现为"爱乡"，"爱国"才拥有了根基。

2020年10月10日

"哀而不伤，怨而不怒"

——看电影《一秒钟》的碎想

一

看《一秒钟》完全是一个意外。

以前张艺谋的电影公映之前，都会有许多先声夺人的宣传。但这次没有，至少我不知道张艺谋有这么一部新作。那天在微信朋友圈里，一个学生发了一张《一秒钟》的海报，上面有"张艺谋"三个字；她评价是《归来2》。

一个"张艺谋"，一个"《归来2》"。就这两点让我走进了影院，买了《一秒钟》的票。

虽然觉得片名《一秒钟》怪怪的，不过看了之后，就觉得这个片名太棒了。

二

其实，这部电影无论人物还是故事，和《归来》一点都不沾边，但因为背景都是那个并不遥远但对年轻人来说已经十分陌生的时代，两者便有了某些共同之处。

尤其是在当前，这类题材的电影竟然有人敢拍并拍得这么好，而且居然还通过了审查，我很惊讶。同时，由衷地想向张艺谋致敬——是的，无论有人说他以前拍过多少"烂片"，就凭《归来》和《一秒钟》，我就保持对他的一份敬意。

三

这并非意味着《一秒钟》是新时代的"伤痕电影"，是泣血的控诉，或喷火的批判。

整个电影连具体的年代都没有明说，故事情节也没有多少"政治色彩"，不过就是"看电影"而已，而且看电影的观众们还热热闹闹、嘻嘻哈哈，丝毫没有"内乱""浩劫"的痕迹。

"哀而不伤，怨而不怒。"儒家的"美学主张"，张艺谋做到了。

即使某些至今还活在那个年代的人，想站在某种高度批判这部电影，似乎都找不到"切入口"，难以下手。

四

然而，凡是从那个年代过来的人，都能感到银幕上弥漫的特殊年代的气息，扑面而来，甚至"沁人肺腑"。

为避免剧透，我不便多说故事情节，但如果你看了电影，会从人物关系上，从人物命运上，从一些细节上——比如看电影时，不少人居然坐在银幕后面看"反面"等——体会到那个时代的特征。

尤其是看电影的场面，我太熟悉了，少年时代，我就是那样看电影的——因为看坝坝电影的人太多,我也曾跑到银幕后面席地而坐。记得那次看《红色娘子军》,因为一切都是反的,所以开枪的人都是"左撇子"。

第一次流泪,是全场观众跟着银幕上的"王芳"唱"烽烟滚滚唱英雄,四面青山侧耳听……为什么大地春常在,英雄的生命开鲜花!"气势磅礴,我一下想到了少年时代,于是产生了共鸣。

五

但张艺谋确实"老谋深算",看似"正能量",却不动声色地表达着他的某些意图。当然,也可能他没有这些想法,只是我这个观众根据"接受美学"的"再创造"。

我从许多镜头中读出了讽刺。

仅举一例——

电影中放《英雄儿女》,当银幕上王芳和她生父相认时,银幕下坐着两个被死死绑缚的人——一个正是失去父亲的女儿,一个正是失去女儿的父亲。

被银幕上英雄父女相认的场面感动得流泪的另外几个汉子,刚刚才毒打了那个失去父亲的女儿和失去女儿的父亲,并将他俩捆成粽子,扔在地上。

六

毫无疑问,真正看懂这部电影,是需要一些感同身受的"亲历感"的。换句话说,就像《归来》和《芳华》一样,只有50

岁以上的观众，才能真正理解电影的内涵。

看电影，就是读自己。

不过，尽管如此，如今 70 后的观众，哪怕对那个时代一无所知，仅仅看情节，看人物，依然会扣人心弦，因为人性总会穿越岁月、跨过年代而相通。

何况通过《一秒钟》或多或少还是能够感性地了解那个年代，尽管可能是"管中窥豹"甚至"盲人摸象"，也聊胜于无。

七

第一个镜头，是主人公从沙漠的远方走来；最后一个镜头，是主人公消失在沙漠中。

尤其是，当女孩远远看着男主人公渐渐隐没在风沙中时，她的眼泪夺眶而出，我也再次热泪盈眶。

天地悠悠，大漠茫茫。

这或许是张艺谋对人生的感慨，对历史的隐喻。

那张底片被岁月深埋在沙漠中，无论主人公怎么去寻找，都无济于事。

2020 年 12 月 7 日晚

白崇礼老师让我想到了父亲

——倾情推荐《山海情》

我比较喜欢看谍战剧。看了黄轩主演的《瞄准》，因为喜欢黄轩，便接着看他主演的《山海情》。本来是冲着该剧满屏的大腕去的——张嘉益、祖峰、热依扎、闫妮、姚晨……结果，出色的表演和精彩的剧情，让我完全忘记了那些大明星，看到的全是淳朴善良的西北人。

这是以扶贫为主题的主旋律电视剧，却完全没有任何政治说教，而是将触目惊心的贫瘠和难以置信的贫困以及超越贫瘠、摆脱贫困的历程展示出来。这种"展示"不仅仅是故事情节，而是让马得福、马得宝、水花、麦苗、白崇礼、李大有等人物的命运扣人心弦，催人泪下。

我小时候放寒暑假，常常回乡下亲戚家玩儿。我的姨妈、舅公、舅婆、姑姑，还有表哥、表姐们，都是纯正的农村人——其实我爷爷辈也是农村人，所以我还是体验过农村的贫困生活的，我的一个姨父就是因为贫困而饿死的。四川仁寿县虽然穷，但和全国更多的贫困地区相比，真的还不算什么。何况当时姨妈、舅公、舅婆和表哥、表姐，对我这个"城里娃"相当照顾。记得我在舅婆家，每次吃饭时，他们吃玉米糊糊，却特意给我做一小碗白米饭，可那时我居然就吃得下，现在想起来，小时候的我真不懂事。

所以，当改革开放取消了人民公社制度，实行联产承包责任制时，农民们都很高兴，至少不饿肚子了。几年前，我曾问我么叔："网上有人为过去唱赞歌，否定改革开放，你愿意回到生产队的时代吗？"我那近乎文盲的么叔说："那怎么行？以前连饭都吃不饱啊！那些人是没饿过肚子的。"

可见，对于广大贫苦农民来说，"吃饱"才是硬道理。

但是，阻碍农民脱贫致富的，不仅仅是"生产关系"，还有"生产资料"，特别是"生产资料"中的土地。当贫瘠的土地一无所有时，土地的主人想过温饱生活就成了一种奢望，至于"幸福"则遥不可及。《山海情》中的宁夏吉海的涌泉村就是如此。

一部主旋律作品，却让我数次流泪，原因在于一个"情"。作品充满浓浓的人情味，紧扣人性塑造人物，贴着地面编织故事，让观众的心情不由自主地随马得福、水花、麦苗的喜怒哀乐而跌宕起伏。

我不是专业的影评家，我只想从教师的角度，简单谈谈我对祖峰扮演的白崇礼的感受。

白崇礼是戈壁滩上一所小学的校长，也是教师，因为整个学校就他一个人。不知他在这风沙中的学校待了多少年了，只知道全村有文化的农民，都是他的学生。他一个人什么课都上，哪个年级都教——很多时候是不同年级的孩子坐在一个教室里听课。他多才多艺，手风琴拉得很棒，于是，在那简陋的教室里经常飘出在悠扬的手风琴伴奏下孩子们唱出的欢乐的歌。

白老师为了辍学的孩子，一家家去劝说；因为一个女孩被父母隐瞒年龄而去打工，白老师骑着自行车去追；为了学校的操场平整一些，他不惜卖掉学校的电脑筹措经费……结果被教育局长严厉批评。当他当着局长的面对种种形式主义表达不满时，局长提醒他："你得关心一下自己的前途。"白崇礼老师淡然地说："我们与其关心自己的前途，还不如多关心关心学生呢！"

这句台词一下击中了我的心！当领导的意图和孩子的立场发生冲突时，白老师毫不犹豫地选择了后者。这是教育的良知。

县里要举行歌咏比赛，按规定只能有30个孩子参加演出。但当白老师征求孩子们意见时，所有孩子都举起了小手。白老师当即决定："都上！"在正式比赛那天，当白老师带着明显"超额"的孩子们上台时，评委们先是一片哗然，但很快便被孩子们的歌声震撼了："春天在哪里呀春天在哪里，春天在那青翠的山林里，这里有红花呀，这里有绿草，还有那会唱歌的小黄鹂……"

担任指挥的白老师挥动着双手，闭着眼睛，陶醉在孩子们的歌声里。虽然这些戈壁滩上的孩子从未见过这样的春天，但白老师教他们唱的这首歌，为他们的梦想插上了翅膀。

我知道，在全国各地偏远地区，有太多的白崇礼老师。他们没发表过论文，没上过公开课，没评上过先进，但他们的爱已经在一届又一届孩子的心中发芽开花。

已经当了母亲的水花对白老师的女儿白麦苗说："在我们这些学生眼里，你爸这个人，是最好的老师！回想从前，姐这辈子最好的时间,就是给你爸当学生,在学校读书那几年。"

我想起了一句话:不必用堆叠的荣誉来证明教师的成功,教师的光荣就印刻在历届学生的记忆中。

我没当过乡村教师,但我父亲当过。他年轻时曾在仁寿县的一个乡村当过村小老师和校长。据母亲说,父亲当乡村小学校长和老师时,非常爱学生。虽然那个年代父亲不可能留下和学生嬉笑玩耍的照片(而几十年后我教书时这样的照片是很多的),但我相信我父亲一定非常爱学生,学生也一定很爱他,因为我父亲病重期间,就是他的学生照顾的,包括后来的丧事,也是学生参与操办的。

我现在还保存着几张父亲在50年代时的照片,虽然照片已经发黄,但它凝聚着我父亲年轻的生命。有一张照片是父亲抱着刚刚出生几个月的我,那一年他23岁,正在一所村小任校长兼老师(因为学校只有他一人)。

仔细端详这张照片,我感觉年轻时作为村小老师的父亲,与白崇礼老师竟然有几分神似。

有一张是1953年18岁的他作为村小老师代表参加四川省内江专区(当时仁寿县归内江管辖)第二次小学教师代表大会的照片。一个村小老师,能够出席全区(现在的地级市)的教师代表大会,无疑是一种荣誉。

另外,我还保存着父亲工作证上的照片,估计那时他也就25岁左右,但他已经被调到教育局工作。虽然由乡村小学进入行政机关并不是一个人成功的唯一标准,但至少也是一种进步的标志。痛惜的是,父亲32岁就因病永远地离开了我,那年

影视

我9岁。

所以，看到白崇礼，我就想到了我父亲。

《山海情》是献给所有为中国扶贫事业贡献力量者的赞歌，自身贫穷的白崇礼也是教育扶贫的一位战士。虽然千千万万的白崇礼在现实生活中都默默无闻，但《山海情》给了他们一份英雄般的敬意。

我因此向《山海情》主创人员表达我的敬意，并向朋友们倾情推荐这部电视剧。

2021年2月5日

追问

"宝宝不高兴，问题很严重"，到底有多严重？

今天看了教育部部长陈宝生在两会"部长通道"中关于减负的答问，我喜忧参半。

喜的是部长如此重视减负，如此系统地谈减负。部长最后语气坚定地说："减负难，减负难，减负再难也要减！如果今天不减负，明日负担重如山。负担重如山，孩子不能健康成长，学生会不高兴的。学生不高兴叫什么呢？就是宝宝不高兴。宝宝不高兴，问题很严重。所以，我们要持之以恒地治理下去，不获全胜，决不收手！"好像以前没有哪位部长这么斩钉截铁地说过。我为陈部长点赞！

忧的是部长的想法，在多大程度上能够被下面各级教育行政部门以及学校还有家长落实到行动上。部长说减负涉及学校、老师、政府、家长（家庭）和社会，我认为这是正确的，因为减负的确是一个系统工程。

前几天我那篇关于"减负"的文章引起了大家的关注，被许多朋友点赞，我很感谢！在那篇文章中，我着重分析了学生负担过重的学校（教师）原因和家庭（父母）原因，但我没有否认教育评价制度（包括中高考制度）和政府方面的原因。

其实，从舆论上看，政府对"减负"似乎是重视的。前不久，我偶然看到了教育部原副部长张承先在《人民日报》上发表的《改变单纯追求升学率的五条措施》——

一、在全国，坚决不对各省、市、自治区搞高考分数排队；各省、市、自治区以及地、县，对学校也一律不搞高考排队。不得给学校下达高考指标，不得按升学率高低作为评定学校工作好坏的唯一标准，更不得按此对学校和教师进行奖惩。

二、坚决把学校和学生从频繁考试中解放出来。学校只实行期中、期末考试，省、地、市、县、区都不得实行统考统测，给学校排名次。这种做法影响学校从实际情况出发搞好工作。

三、严格按照教学计划、教学大纲的规定进行教学，不得搞突击，过早结束课程，不要搞大量复习题，影响正常教学。

四、必须对全体学生负责，不得只抓毕业班，放弃非毕业班；在毕业班，不得只抓少数"尖子"学生，忽视和放弃大多数学生。

五、必须保证学生每天有九小时的睡眠时间，保证学生的体育活动和假期。

这"五条措施"是发表在《人民日报》上的，时间是1981年8月5日。是的，党报，1981年！

当时我还在读大学,所以对此印象不深。不过现在读到,"坚决""不得""必须""严格""保证"等词,依然显示出当时教育部的坚强决心,其力度不亚于今年年初教育部颁布的"减负三十条"。但快 40 年过去了,效果如何呢?

记忆中,比较有声势的"减负"要求,是从 20 世纪 90 年代中期开始的。到了 2000 年,听说是分管教育的领导从自己孙子那里得知小学生作业太多,于是批示"必须减负"。记得那段时间我和我办公室的同事多么兴奋:"好了,中央终于来真格的了!"果然,一时间上上下下真的"风声很紧",各种会议,各项文件,都在强调"减负",然而,过了一阵子,一切如旧。

过了几年,又开始传达"紧急通知"(文件精神),要"减负",还说"这次是真的了"等,我的心又开始兴奋地跳动。然而……又然后……又然而……又然后……总之,隔那么一两年或三五年,上级领导都要强调一下"减负"。直到前不久,又听说教育部下达了"减负三十条",我已经不再兴奋,而是很"理性"了,因为实在是不敢轻言乐观。

我常常想一个至今也没想通的问题:为什么我们能够在党的领导下推翻"三座大山"取得新民主主义革命的伟大胜利,能够以壮士断腕的气魄打赢一个又一个的反腐恶仗,却打不赢"减负"之仗?我承认学生课业负担过重的确是"教育顽疾",但是,难道这"教育顽疾"能够"顽"得过国民党反动派的黑暗统治?"顽"得过一大批纷纷落马的贪腐分子?——曾几何时,党内腐败也得不到有效遏制,所谓"越反越腐",可党的十八大以后,党中央"千钧霹雳开新宇,万里东风扫残云",势如破竹,短短几年，反腐斗争便取得了压倒性胜利。

再以治理"公款吃喝"为例。在很长一段时间里，"公款吃喝"也是屡禁不止，人民群众怨声载道，可党的十八大以后，"八项规定"出来后，"公款吃喝"便得到有效遏制。

陈部长说："宝宝不高兴，问题很严重。"到底有多严重？我愿意重复我前天文章中的话："应试教育所带来的孩子和教师负担过重，严重损害了孩子和教师的健康，磨灭了孩子和教师的创造力。"

在这里，我把"宝宝"的范围扩大到老师。老师虽然是成人，但也是国家的宝中之宝，简称"宝宝"。

如此严重的后果，难道我们不应该以推翻"三座大山"和反腐的决心与智慧，打赢"减负"这场仗吗？

当然，我以推翻"三座大山"和反腐来与"减负"类比，只是激愤之词。严格说起来，这样的相提并论是不科学的。

真诚希望陈宝生部长这次关于减负的指示，能够被各级教育行政部门切实重视和落实，最终变成老师和学生每天多一个小时的睡眠。

2019 年 3 月 12 日晚

教育究竟是不是服务业？

一

常常有老师在网上感叹："现在教育已经沦为服务业了，教师一点尊严都没有了。"

我回复道："教育本来就是服务业呀！从根本上说，所有行业都是服务业。之所以有人不习惯'教育是服务'这个现代观念，是因为他们对'服务'的理解很狭隘，把'服务'理解为'服侍'。"

我知道，自从"教育是服务业"这个说法出现后，一些老师很反感，他们觉得把教育看成"服务业"贬低了教育的神圣和教师的尊严。

这里，有必要简单谈谈产业结构划分的常识。

根据社会生产活动历史发展的顺序对产业结构的划分，有第一产业、第二产业和第三产业之说。产品直接取自自然界的称为"第一产业"，即农业，包括种植业、林业、牧业、副业和渔业；对初级产品进行再加工的称为"第二产业"，即工业，包括采掘工业、制造业、自来水、电力、蒸汽、热水、煤气，还包括建筑业；除第一、第二产业以外的其他各业，为"第三产业"，即为生产和消费提供各种服务的产业。这是世界上通用的产业结构分类。

现代服务业大体相当于现代第三产业。国家统计局在1985年《关于建立第三产业统计的报告》中，将第三产业分为四个层次：第一层次是流通部门，包括交通运输业、邮电通讯业、商业饮食业、物资供销和仓储业；第二个层次是为生产和生活服务的部门，包括金融、保险业、公共事业、居民服务业、旅游业、咨询信息服务业和各类技术服务业等；第三个层次是为提高科学文化水平和居民素质服务的部门，包括教育、文化、广播电视事业，科学研究事业，社会福利事业等；第四个层次是为社会公共需要服务的部门，包括国家机关、社会团体以及军队和警察等。

二

再看2012年5月16日国务院常务会议讨论并通过的《国家基本公共服务体系"十二五"规划》，这份"规划"较为全面系统地勾勒了国家基本公共服务的各项制度性安排，是"十二五"乃至更长一段时期构建国家基本公共服务体系的综合性、基础性、指导性文件，是政府履行公共服务职责的重要依据。其中，明确了"十二五"时期基本公共服务的范围和项目。在基本公共教育、劳动就业服务、社会保险、基本社会服务、基本医疗卫生、人口和计划生育、基本住房保障、公共文化体育及残疾人基本公共服务领域，确定了44类80个基本公共服务项目，如基本公共教育领域的义务教育免费、寄宿生生活补助、农村义务教育学生营养改善等。

其实，教育属于服务行业早已是国际公认，WIO服务贸易规则就有相关的规定。1994年乌拉圭回合结束，缔结了有关服务贸易的总协定，教育服务作为其中的一部分，受到《服务贸易总协定》(GATS)若干条款的约束。

根据日内瓦WTO统计和信息系统局按服务的部门(行业)划分，全世界的服务贸易被分为12大类：商业服务，通信服务，建筑及相关工程服务，分销服务，教育服务，环境服务，金融服务，健康与社会服务，旅游及与旅行相关的服务，娱乐、文化与体育服务，运输服务，其他服务；下分143个服务项目。教育服务属于12类服务贸易中的第五类，按各国公认的中心产品目录（Central Product Classification，简称CPC），在项目上又分为初等教育服务、中等教育服务、高等教育服务、成人教育服务及其他教育服务五类。

读到这里，大家应该明白了，"教育就是服务"，这不是我个人可供大家"百家争鸣"的"学术观点"，而是写入国家文件的行业定位，更是国际通行且被各国政府认可的行业划分。因此，"教育属于服务业"这个说法是没有任何问题的——再说一遍，这不是一个需要争论的理论问题。

三

不光教育，科研、文化、媒体，甚至公务员等都属于第三产业，即服务业。所以昨天我回复一位朋友说："从根本上讲，所有行业都是服务业。整个社会不同的职业就是彼此服务。"

至于有朋友说"科学家从事的是技术行业"，显然是答题没抓住要点。因为任何职业都需要技术，这和是不是"服务业"的定位没有必然联系。

为什么有老师想不通甚至很反感"教育是服务业"这个定位呢？一方面是因为担心家长把自己当作服侍者，另一方面是因为这些老师骨子里面还是看不起服务从业者，总觉得为别人服务就低人一等，现在说"教育者也是服务者"，便觉得很没面子。

从表面上看，是这些老师担心一说"教育是服务"会被人看不起，实际上是这些老师的内心深处看不起包括传统服务从业者在内的普通劳动者。他们的思想观念还停留在"万般皆下苦，唯有读书高"的封建时代，总认为自己是老师就高人一等。殊不知在现代民主社会，所有人在尊严上都是平等的，各行各业从根本上说，都是互相服务的。谁也没有理由因职业不同而看不起谁，谁也不应该因为从事服务而被人看不起。

另外，有的老师把"服务"理解为简单的"服侍"，就像儿女服侍父母长辈，像护士照料病人，像修鞋匠、餐厅服务员服务顾客。且不论我刚才所说，职业不分高低、尊严不分贵贱，单就"服务"二字的本意（为他人做事，并使他人从中受益的一种有偿或无偿的活动）来说，从事服务业没有什么可耻的，所有不以实物形式而以提供劳动的形式满足他人某种需要的工作，都叫"服务"，包括公务员、科学家。

当然，教育属于现代服务业。之所以叫"现代服务业"，我的理解，就是区别于传统的简单"服侍"，是更高层次地满足服务对象的需求。比如科学家的服务就是让科学技术更好地造福人类，公务员的服务就是提供更加民主、公平而有效的管理以让国家能够满足国民对美好物质生活和精神生活的需要。

四

那么教育的服务呢？就是提供科学民主公平的、符合不同个性需求的服务，以满足儿童成长的需要。也就是说，教育是为孩子的成长提供精神服务的。

我想到李希贵所领导的十一学校教育改革。

写这篇文章时，我给希贵通了个电话。他认为教育当然是服务业，"这还有什么疑问吗？"

他说："2001年中国被批准加入世界贸易组织，其中有文件把教育视为服务业，当时我也吃了一惊。因为一直以来，我们始终把自己从事的工作视为太阳底下最光辉的职业，怎么因为加入一个WTO，教育一夜之间就变成了服务业？"

但后来贯穿十一学校改革的灵魂，正是"教育服务"的理念。在十一学校的行动纲要里，课程被定位为学校的产品，通过对课程的构建和开发，最大限度满足不同学生的成长需求。于是，几年下来，十一学校把国家、地方和学校的课程整合梳理，便有了203门校本课程，其中，199门为选修课程。即使是数理化生，每一门学科也变为有五个不同难度的分层课程，学生可以根据自己的需求，选择不同的数理化生，其他学科亦然。

他说："说到底，学校通过开发自己的产品——课程，为学生提供服务，教育也由此演变为了服务业。"

在《面向个体的教育》一书中，李希贵写道——

当教育成为服务业，研究学生的需求必然成为我们工作的前提，而他们的需求千差万别又千变万化，挑战自在其中。于是，对话、谈心、咨询、诊断，"挖空心思"弄清学生，就成为校园教育工作的重头戏。

当教育成为服务业，师生平等就成为校园生活的基本状态，居高临下的姿态、高高在上的架势、教训的口吻、不屑的眼神全都将无法在这样的校园里藏身，需要的是我们每一位教师放下身段、敞开心扉，以长者的责任和平等的身份与孩子们对话、沟通、合作，共同成长。

当教育成为服务业，就必然以客户的满意度作为衡量我们工作的重要指标。过去的教育，我们可以仅仅让上级肯定，或者让家长满意，孩子的苦累都是我们追求业绩的代价。今天不行了，我们必须把他们的酸甜苦辣放在心上，把创造快乐的校园当作我们共同的追求，于是，由孩子们来评价我们的工作也就成为常态。

五

说"教育是服务业"，一点儿都没有降低教育的神圣与教师的尊严，因为我们是面对心灵、面向未来的服务，是关注个性、关怀灵魂的服务，是着手个体、着眼国家的服务。

教育当然要通过教师每一天的教育教学行为来实现教育服务，但这是着眼于人一生健康成长的服务，而不是简单地"哄孩子"，或者满足家长急功近利的眼前需要。

教育者尽早地认识到"教育就是服务",学校才会真正回归教育的本质。素质教育就是服务于学生全面发展的教育。而目前许多卓有成效的教育改革,恰恰体现了"教育服务"的品质。

在当下,每一个教育者意识到"教育就是服务"有着极为重要的现实意义,这将有助于每一位教师时时提醒自己:我是为每一个孩子精神成长服务的,我有着所有服务业的共性,就是尊重每一个服务对象,根据不同服务对象的不同特点而提供"私人订制"的服务。

对教育来说,就是充分根据每一个孩子的特点实施富有个性化的教育。关于这一点,已经有浩如烟海的论著和汗牛充栋的论述,无需我再饶舌。但我还是引用加拿大著名教育学者马克斯·范梅南和澳门城市大学李树英教授合著的《教育的情调》一书中的几句话,来强调一下针对每一个孩子的"教育的独特性"是何等重要——

每一个孩子都具有独特性。

培养和提高一个人的教育敏感性和教育机智就是在迎接这样一种挑战——针对不同的个体实施不同的教育行动。智慧的教育者形成了一种对独特性的独特关注,他们关注孩子的独特性、情境的独特性和个人生活的独特性。

世间没有两个一模一样的孩子,孩子们也不可能用完全相同的方式去体验相同的情境。……没有一条明确的规则可以确保我们获得恰当的教育敏感性和机智。

亲爱的教育同行,您是否敢于迎接教育服务所必然面临的"这样一种挑战"呢？您是否具备了教育服务所必需的"教育敏感性和机智"呢？

  是的，教育的确是服务，教育者就是服务者，但这是一种极为精细而精湛的服务，它事关每个孩子的心灵，事关整个国家的明天。这样的服务业，朴实而神圣；这样的服务者，平凡而光荣。

2019 年 9 月 16 日

究竟能不能用"差生"这个词?

在我的文章和著作中,常常会出现"差生"这个词。有老师对我说:"这个词不好,不尊重学生,感觉是给学生贴标签。"

这种观点有着相当的代表性,许多老师都觉得"差生"这个词有歧视学生的含义,因而不建议用这个词。那么,用什么词来指称这些学生呢?不少老师创造了许多取而代之的词:"学困生""潜力生""个性生""待优生""问题学生""特殊学生"……我相信这些老师对学生的爱。他们发自内心地尊重学生,生怕在包括称呼这样的细节上伤害了学生。

但是,不用"差生"而变着花样地用其他词,就尊重学生了吗?"学困生",学习困难的学生,这和说"学习成绩差的学生"有什么区别呢?学习困难不就是成绩差吗?"潜力生",有潜力的学生,可哪个学生没有潜力呢?这个词并不能区别这一类学生呀。"个性生",有个性的学生,同样可以问,哪个学生没有个性呢?"待优生",等待优秀的学生,不还是说明这个学生"不优秀"吗?况且"等待优秀"要等多久?怎样才算优秀?可见这个词也含义不明。至于"问题学生""特殊学生",其内涵不就是"差生"吗?还不如"差生"的表述简洁呢!

不用"差生"这个词，看似尊重学生，其实是不承认现实。"差"，是一种客观存在，没必要回避这个说法。但是我们要明白，"差"和"优"是一个相对的概念，从来就没有孤立的"差"和"优"，关键是看放在怎样的生源环境中比。另外，某个学生今天"差"不等于永远"差"，这个方面"差"不等于其他方面都"差"。

《现代汉语词典》对"差生"的解释是"学业不好的学生"。

没有必要忌讳使用"差生"这个词，只是不要用"差生"去直接称呼学生："差生，到我办公室来一趟！""差生，我给你说……"平时教师之间研究这类学生时，是完全可以用"差生"这个词的。当然，我同样不反对用"学困生""潜力生""个性生""待优生""问题学生""特殊学生"等表述。

"差生"当然不是一个准确的表述，能够找到一个更恰当的说法自然很好。比如苏霍姆林斯基把这类学生称作"难教儿童"，他是从教育者"难教"的角度提出这个概念的，类似于我们说的"令人（教师）头疼的学生"。这是不是最好的指称呢？还可以斟酌。

我这篇短文没有想过要说服谁，只是表明我对用"差生"这个词的看法。我也不反对别人用诸如"学困生""待优生"等词（但"学渣"之类的词我是坚决反对的），我只是觉得这些词和"差生"在内涵上都差不多。最重要的是，我始终认为，比起如何称呼"差生"，如何有效地转化这部分学生更为重要，这是一项世界性的教育难题，重要的不是如何称呼他们，而是如何对待他们。

教育的追问

而如何转化"差生",这是一个宏大的教育话题,我也曾为此写过许多文章。今天不打算多说。但我想强调一点,有效转化"差生"需要教育者真诚的人道主义情怀、丰富的教育智慧、高超的教育艺术和个性化的教育技巧。

我愿意和大家继续探索。

2018 年 9 月 23 日

"减负"从名校开始,可以吗?

"减负"是个老话题了,也是一个沉重的话题。

请别跟我说"学习不可能一点负担都没有""不同的学生情况不一样,不好一刀切地说减负"这些话。这些"抽象的真理"我都明白。

之所以重提这个沉重的话题,是前几天听到一个朋友叫苦:"现在的孩子真可怜啊!我儿子刚读一年级,昨晚作业做到十一点。唉,这才开始啊!"

是的,这才开始,这孩子离高考还有 11 年呢!

我问他儿子在哪所学校就读。他一说出校名,我就吃了一惊,这是成都市最著名的小学之一,许多家长都挤破脑袋想把孩子往这个学校送呢!

我问朋友:"天天如此吗?"

他说:"倒也不是。作业做到十一点多的时候不多,多数时候都是九点多十点的样子。"

这也很可怕了啊,毕竟是一年级的小朋友!我记得好像国家规定小学一年级是不许留书面作业的。

我今天不想说关于"减负"的"沉重现实"和"重大意义",

因为我以前写过太多这样的文章。听了朋友的话,我只想问问某些名校的校长——

在您进行种种课程开发、教学改革、教育创新的时候,是否把减轻学生过重的课业负担放在了首位?在您总结宣传学校教育改革辉煌成就的时候,是否因为本校孩子晚上作业太多而有些底气不足?在您面对上级进行年度述职报告的时候,是否把孩子的视力正常、睡眠充足、体质健康也作为自我考核的重要标准?

我也想问问某些名校的老师——

您在作演讲或写文章时所说的"爱心育人""寓教于乐""因材施教""尊重个性"等素质教育的理念,落实到您的每一堂课了吗?您津津乐道的出色的教学成绩,是不是以孩子沉重的作业量为代价换来的?如果您是您班上的学生,您是否能够完成每天每科老师布置的那么多作业?

我还想问问某些学生家长——

您是真心希望孩子作业适当、全面发展吗?如果学校老师布置的作业不多,您会不会"乘虚而入"以各种方式给孩子增加负担呢?如果学校老师给您孩子减轻了作业,您是否会举报老师"不负责任"呢?

我更想问问教育行政部门领导——

……

我当然知道,对于不同的孩子来说,所谓"负担"并不是一个标准。同样的作业量,有的孩子觉得合适,有的孩子觉得轻了,有的孩子觉得重了。另外,不同地区和城乡之间也有差别。但我讲的当然是总体而言。恰恰从"总体"上看,中国孩子的负担重,这是已经多次被权威部门的调查数据证明的事实。

千万不要跟我说什么"高考不改,说什么都没用"之类的理由,也不要给我找什么"中国人口多,没法子"之类的借口。我只想问:难道中华民族的崛起,只能靠牺牲一代又一代孩子的童年、健康和生命吗?

学生负担过重,当然远不只是名校如此,这是一个普遍现象。我今天之所以首先拿名校是问,是因为名校的生源相对较好,更有条件减负;而且名校特别爱在《中国教育报》《人民教育》和各种大型论坛上就本校的教育改革和教育创新"发出自己的声音",我就想让它们先说说本校的减负情况。

更重要的是,虽然各地区和各学校可能情况有所不同,但名校孩子的课业负担普遍重于非名校的孩子,这是一个规律。我早就调侃过,所谓"重点小学""重点中学",顾名思义,就是这些学校孩子的课业负担比一般学校"重点"。

当然,几乎所有名校的校长和老师都会说:"我们学校孩子的作业量不多。"但这个问题的标准答案不应该在校长和老师那里,而应该在每一个学生那里。

如果说其他学校减负有困难,那么作为各级各类"示范学校"的名校,是否可以"示范"一下如何"减负"呢?

因此,我郑重建议:"减负"从名校开始!以后各级教育行政部门的相关督导、检查、验收,一律先去名校,而名校在这方面应该有"向我看齐"的示范与担当。

第一天去小学报名的孩子是那么欢欣雀跃,没想到他们一进学校就被作业压得喘不过气来。

可怜的孩子,想起来就心疼。不写了,写不下去了……

2020 年 6 月 19 日

幼儿园有"毕业"一说吗?

朋友在微信朋友圈晒了几张其孩子结束幼儿园生活的照片。

照片上,本来应该天真活泼的孩子们,很整齐地坐成几排,规规矩矩的,脸上的微笑很节制,目光统一看着镜头,前排的小朋友还很听话地把小手放在膝盖上。

原来他们在照"毕业照"。没错,照片的上方有一行字:"2020年成都××幼儿园宝贝2班毕业纪念",而且还有"毕业证",上面写着——

××小朋友:

在××这块芳草地上,你健康快乐地成长;这里记载了你童年的印记,也留下老师对你深深的爱。

今天,你毕业了,祝福你在未来的路上,满载梦想与希望,翱翔于天际!

祝贺你成为我园优秀的毕业生!

成都市××幼儿园
2020年7月31日

还有小朋友的单人照：孩子头戴黑色的博士帽，身穿黑色的博士服，手握卷轴，一副饱学之士的模样。

这位孩子的妈妈是我的朋友，她对我说："说实话，当时大热天的穿博士服，家长还是挺心疼的！"

我又想起来，有一次我去某幼儿园参观，园长请我去办公室坐坐。坐在办公室里，我看到墙上挂着一幅巨大的照片，走近一看，是该园幼儿园大班的合影。照片上也有一行字："××幼儿园×级×年×月毕业纪念"。

似乎大家已经习惯了"幼儿园毕业"这个说法了。

但这个说法是不对的。何谓"毕业"？《现代汉语词典》上的解释是："在学校或训练班学习期满，达到规定的要求，结束学习。"

在这里，"毕业"之"业"指的是学业。毕业，即结束（完成）学业。

那么，何谓"学业"？《现代汉语词典》上的解释是："学习的功课和作业。"

那我继续追问：幼儿园有功课吗？估计好多人都会说：咦？你这个问题才怪呢！幼儿园怎么就没有功课了？

好，幼儿园居然有功课，这正是中国许多幼儿园的严重弊端。

都说"不要让孩子输在起跑线上"，但因为这个"功课"，与世界上其他富有创造力的民族相比，中国的孩子已经或者说早就"输在起跑线上"了。

识字、算术、英语、背古诗以及学这学那，这不是许多家长的期盼，也是许多幼儿园的功课吗？幼儿教育知识化，学前教育小学化，这已经是很久以来存在的严重问题了。

所以，我在不少幼儿园园长口中听到过类似"幼小衔接"的说法。

我曾经考察过丹麦的幼儿教育。丹麦的幼儿教育没有统一课程，但有共同的六大发展目标：多才多艺的个人发展（让孩子在活动和游戏中全面发展），社交能力和包容性（在活动中培养他们的这些能力和品质），语言发展（在沟通过程中自然发展），身体和运动（发展起身体运动的能力），自然和自然现象（在活动中认识自然和自然现象），文化表现形式和价值（了解文化的表现形式和价值）。但这六大发展目标，在幼儿园的日常生活中都不是以课程的方式体现，而是融合在孩子们自由自在的玩耍中。

我曾经问丹麦一位幼儿园园长："请问丹麦幼儿教育的特点是什么？"她的回答干脆而简洁："我们的幼儿教育只有一个特点——玩！"

没有任何知识内容，没有任何技能要求，没有任何达标考核，就让孩子像鲜花一样开放，结果丹麦这个只有570多万人口的小国，却诞生了13位诺贝尔奖获得者，人均世界第一。

其实，从理论上说，中国幼儿园也没有"学业"。

2012年10月9日，由教育部正式颁布的《3~6岁儿童学习与发展指南》（以下简称《指南》），从健康、语言、社会、科学、艺术等五个领域规定了幼儿教育的方向——这五个领域和丹麦幼儿教育的六大发展目标高度类似。

我认真学习了这个《指南》，通篇没有看到任何关于对幼儿进行知识教学的表述。全文6000多字，甚至连"教学"二字都没有出现过。相反,《指南》着重强调了要充分认识生活和游戏对幼儿成长的教育价值,严禁"拔苗助长"式的超前教育和强化训练,为防止和克服学前教育"小学化"现象提供了具体方法和建议。

既然没有知识,没有教学,没有训练,没有功课,那么,所谓"幼儿园毕业"从何谈起?而那些一本正经的"毕业证"和戴着博士帽的"毕业照",是不是有点荒唐呢?

"幼儿园毕业"似乎只是一个口头习惯语,但这不经意的习惯语却折射出扭曲的学前教育观和畸形的幼儿发展观。

正是这样的"扭曲"与"畸形",将一个民族的自由的大脑和鲜活的创造精神扼杀于摇篮中!

2020 年 9 月 9 日

都"九年一贯制"了，可为什么还要"小升初"？

最近一个朋友为孩子读书的事，来找我帮忙。她的孩子快小学毕业了，她想让我帮忙选一所好的初中。

我很奇怪："选什么选？你孩子就读的不是一所很好的九年一贯制学校吗？为什么只读六年，就要愁升学呢？"

她说："能够继续升入本校的学生最多一半，其他孩子都得读其他初中。"

我这才想起一个本来早该想起的事实——

几乎每一个地方都有"九年一贯制学校"，但总有"贯"不起来的。很多"九年一贯制学校"名不副实。

所谓"九年一贯"，顾名思义，就是小学六年与初中三年彻底贯通。尽管现在许多"九年一贯制学校"的初一至初三改称"七年级、八年级、九年级"，形式上似乎贯通了，但六年级一结束，还有一个不小的门槛，叫"小升初"。

我前年去了丹麦，去年去了乌克兰，尽管这两个国家的经济发展和民众生活水平可以说相差悬殊，但他们的小学和初中早就"贯"起来了。乌克兰在苏联时期就已经实行了十一年一贯制。在这两个国家,小学六年级毕业(这里的"毕业"是中国的说法)进入初中,就像从三年级升四年级一样简单,连班级都不拆散,还是那些学生。

可是在我们国家,无论是不是"九年一贯制",小学六年级毕业,孩子都面临"小升初",家长比孩子更焦虑。

本来,中国早已普及九年义务教育,那么从制度上说,已经不存在"小升初"的问题,读完六年级的孩子理应像丹麦和乌克兰的孩子一样,自然而然地进入七年级,没有毕业考试,也没有打着"调研考试""综合素质测试"等旗号的变相毕业考试。

可实际上呢?如果你看到学校号称"九年一贯制学校",就真以为"九年一贯",那你就傻得太可爱了!

我国目前只普及了小学和初中,所以初中毕业考试和高中选拔考试(简称"中考")还是合法的(虽然不一定合理)。但是,既然我们宣告已经实现了九年义务教育,那为什么前六年(小学)和后三年(初中)中间还有一道坎呢?活生生地把"九年义务教育"截成了两段,既不合情,又不合理,更不合法——《义务教育法》。

如果真正"九年一贯",教育的连贯性将有利于孩子的成长,课程设置关照九年,教育显得更加从容,孩子的综合素质也有了比较大的提升空间,应试教育将在某种程度上得到缓解(不敢奢望彻底根绝),教师也将减少急功近利,教育得到一定的解放,素质教育更容易落到实处,成为校园的常态,而不只是写在墙上,或展示在"迎检""达标"的汇报表演上。

我估计又有人要说我"理想化"了。可我要提醒真正的教育者，联合国教科文组织21世纪教育委员会在《教育——财富蕴含其中》一书中，曾响亮地提出："教育：必要的乌托邦！"教育没有了理想的灵魂，还叫"教育"吗？

何况要求"九年一贯制学校"真正"贯"起来，哪里是什么"理想化"呢？不过是要求名副其实罢了。

现在小学都是划片招生，初中也是划片招生，那么"九年一贯制"学校在小学招生时已经是划片了，初中招生不必再来一次"划片招生"。

我不知道许多"九年一贯制"名不副实的原因何在，也许有许多无奈和苦衷吧。

只是，如果不能够"贯"起来，那就别标榜"九年一贯制"了，就老老实实地挂"某某小学"或"某某初中"的牌子吧。

教育的实事求是，可不可以从这里开始？

2020年6月9日

《中小学教育惩戒规则（试行）》为什么会令某些教师失望？

"令人失望"的"某些教师"不包括我，是一些希望能够给学生更严厉"惩戒"的老师们。

我知道，至少在网友中，比如"镇西茶馆"的"粉丝"里，赞成体罚的是"主流"。我说这话是有依据的。我曾经写过文章，旗帜鲜明地反对体罚，结果遭到一片"讨伐"。最多的斥责是："你专家是站着说话不腰疼！"还有人振振有词地宣称："世界上大多数国家都允许教师体罚学生，为什么中国就不行？"为此，我经过比较严谨的调查，用数据说明："世界上绝非大多数国家都允许体罚。"文章推出后，引起不少教师愤愤然："李镇西变了……"

当然，我知道，即使是主张体罚的老师，绝大多数也是好老师，因为他们爱之心切，有时便责之太苛。在我当校长的时候，曾帮助过几位体罚学生的老师，而这几位老师真的都是负责的老师。

但我还是要坦率地说说我的观点：我同意惩戒，但坚决反对体罚。

早在 2002 年我读博士时，就写过一篇文章发在"教育在线"论坛上，题目就是我的观点：《没有惩罚的教育是不完整的教育，但惩罚不是体罚》。我至今还是认为，没有必要忌讳"教育惩罚"而羞答答地改为"教育惩戒"。事实上，《教育大辞典》上，对教育惩罚的界定很明确，其中最轻微的惩罚就是批评。没有惩罚的教育当然很好，但我无法想象，没有惩罚的教育会是完整的教育。

体罚是我坚决反对的，理由不用多说。但有老师反复问我："请问，什么叫不是体罚的惩罚？"在这些老师看来，惩罚必然是体罚。然而，在我当班主任的几十年实践中，的确做到了没有体罚的惩罚。所谓"不是体罚的惩罚"，主要有两种方式：一是补偿性的公益行为，比如损害了班级利益，通过为集体做一件好事来补偿；二是强制性的重复行为，比如学生升旗仪式上不认真，下午放学后必须到国旗下肃立五分钟，以弥补早晨的错误。

我一直认为，虽然教育惩戒是必要的，但教育不能仅仅寄希望于惩戒；没有惩戒的教育是不存在的，但将惩戒尽可能降到最低程度则是完全可能的。然而，长期以来，纵观许多人对"教育惩戒"的呼唤，不少人是打着呼吁"教育惩戒"的旗号，实则是希望"体罚"合法化。我看过一些老师的网上留言，他们字字血、声声泪，似乎教师的手脚已经被捆住了，甚至受到了来自学生及其家长的暴力威胁，再不放开对"体罚"的禁止，不但不能完成教育使命，而且连自身生命都难以保证！于是，他们一遍遍地呼唤"教育惩戒（体罚）"，而且特别执着。

现在，教育部终于颁发了《中小学教育惩戒规则（试行）》，似乎大快人心。可是,某些人所期待的"东风"是不是"唤回"了呢?

恐怕他们会失望——这就是我今天这篇文章题目的真正含义。

因为《中小学教育惩戒规则(试行)》所规定的"惩戒"方式,基本上没有超出长期以来学校正常教育惩罚的尺度:点名批评呀,书面检讨呀,规则教育呀,等等。原本指望官方能够给一线教师"撒手锏",以便老师们可以"大开杀戒",结果这些"惩戒"早就在用了,这也太温和了吧?

我说"基本上"没有超出现在的教育惩罚尺度,是因为有两点以前没有"合法化",但现在明确写入了《中小学教育惩戒规则(试行)》,就是"一节课堂教学时间内的教室内站立"和"给予不超过一周的停课或者停学,要求家长在家进行教育、管教"。其实,这两点也是多年来班主任常规的教育手段,一点都不新,只是这两点一直都有争议,而现在合法化了。

尽管如此,《中小学教育惩戒规则(试行)》还是让不少老师感到很不满足,甚至"深感失望"。特别让人"失望"的是,《中小学教育惩戒规则(试行)》第十二条专门规定——

教师在教育教学管理、实施教育惩戒过程中,不得有下列行为:

(一)以击打、刺扎等方式直接造成身体痛苦的体罚;

(二)超过正常限度的罚站、反复抄写,强制做不适的动作或者姿势,以及刻意孤立等间接伤害身体、心理的变相体罚;

（三）辱骂或者以歧视性、侮辱性的言行侵犯学生人格尊严；

（四）因个人或者少数人违规违纪行为而惩罚全体学生；

（五）因学业成绩而教育惩戒学生；

（六）因个人情绪、好恶实施或者选择性实施教育惩戒；

（七）指派学生对其他学生实施教育惩戒；

（八）其他侵害学生权利的。

明明是关于"教育惩戒"的规则，却居然有严格的禁止"体罚"和"过度惩戒"的规定，有些规定甚至是对目前盛行的"惩戒方式"的禁止，比如："超过正常限度的罚站、反复抄写"，连罚学生一个字抄多少遍都不允许！原以为《中小学教育惩戒规则（试行）》会让老师们"放手管教"学生，结果这个条例竟然如此"束缚"了老师们的手脚。

所以我说，这个《中小学教育惩戒规则（试行）》"让某些教师失望"，绝非夸张。

那些"失望"的老师中大多数还是爱学生的，他们只是希望能够有更"有力"的管教手段，以达到更好的教育效果罢了。只是他们可能过于看重"惩戒"的效果了。

所以，某些把教育寄希望于"严厉惩戒"的老师越"失望"，我就越发自内心地为这一规则叫好！好就好在——

《中小学教育惩戒规则（试行）》告诉我们——教育离不开惩戒，但不能只有惩戒；即使是非用不可的惩戒手段，也必须与深入心灵的教育相结合；不加限定的惩戒只会走向"教育暴力"，而对惩戒方式严格而严谨地规范,才能真正让惩戒达到教育目的而不仅仅是"惩戒"。

那些"失望"的老师,你们同意我这个观点吗?

2020 年 12 月 29 日

不能叫学生"孩子"吗?

——与吴非兄商榷

一

不久前,在网上看到我的兄长和朋友吴非(本名王栋生)撰写的《从今天起,他们是你的学生,别再叫他们"孩子"!》(估计这个标题是网络编辑取的)一文,建议老师们别把学生称作"孩子"。吴非兄是我有限的视野中少有的有良知、有思想、有风骨的教育者,他的《前方是什么》《致青年教师》《课堂上究竟发生了什么》等书是我任校长时给全校老师推荐的著作。不过对他的这篇文章,我却有一些不同看法。

我理解王老师的意思。估计这和他长期教的学段有关。王老师长期教高中,对十七八岁的小伙子叫"孩子"是有些别扭——还有他文中提到的"花季",读到那里我都忍不住笑了。其实我也很少称我的学生为"孩子",不是刻意回避这个称呼,而是和王老师一样,我也长期教中学,除了在某种特定的情境中,我一般也不叫学生"孩子"——其实,我印象中,我从没在口头上叫过学生"孩子",但为了避免把话说绝对了,我留有余地地说

"很少叫""一般也不叫"。从初一到高三搞"大循环",面对一天天个子长得比我还高的学生,要我叫他们孩子,我叫不出口。通常情况下,对单个的学生,我往往直呼其名,而站在讲台上面对全体学生,我往往称他们为"同学们"。

我感觉,爱叫学生为"孩子"或"孩子们"的,往往是小学教师,我理解他们。面对稚气未脱、天真烂漫的小学生,他们自然而然叫"孩子",亲切自然,不做作,我觉得没什么不好。如果我教小学,可能也会情不自禁这么叫的。王老师说,不宜把亲情关系带到工作关系中。这话不妥。第一,不一定有血缘关系的亲人之间才用"孩子"这个称呼;第二,师生关系自然融进一些亲人般的温情,没有什么不好,只是不要把师生关系仅仅视作亲情关系,因而妨碍了正常的教育教学。

二

说实话,那天看到王老师的这篇文章,我第一个反应是想到我自己,我回忆自己是不是也叫学生"孩子"。刚才我说了,通常情况下我不会,但在文字叙述时,我会在某种特定情境中用"孩子"这个词。

例如,在《爱心与教育》中有一段描写,说的是我生病住院前,学生们来宿舍看我,都哭了。书中有这样的对话——

有几位同学抽泣着说:"李老师,以前我们惹您生气了,做了对不起您的事。请您原谅!"我说:"哪儿的话,你们从来没有对不起我,别哭了!你们都是非常非常可爱的孩子,是我最喜欢的学生!"

"你们都是非常非常可爱的孩子,是我最喜欢的学生",两个称呼都用上了,其侧重的含义是不一样的。他们在我面前哭,又天真地以为是他们把我"气病"的,我自然把他们看作"非常可爱的孩子",但我又强调,作为我的受教育对象,他们是我"最喜欢的学生"。

还有一处也是"孩子"和"学生"两个指代并用——

刚参加工作那几年,出于爱孩子的天性,我几乎整天都和比我小不了多少的学生泡在一起,因此,学生们喜欢我,他们的家长也很感动。

我说"出于爱孩子的天性",这里侧重强调我喜欢天真烂漫的小孩儿;紧接着说我和"学生"泡在一起,"学生们喜欢我",强调的是没有血缘的师生关系却亲密无间。

我举这些例子,想说明只要不刻意、不做作,在某种特定场合称学生为"孩子"也没有什么不可以。

三

我看了王老师那篇文章的第二个反应,是想到了苏霍姆林斯基,因为他在其著作中,最爱用"孩子"这个称呼。请看他的这些不朽名著的书名:《把整个心灵献给孩子》《要相信孩子》……在《把整个心灵献给孩子》一书中,苏霍姆林斯基这样写道:

"我生活中最主要的东西是什么？我毫不犹豫地回答：对孩子的爱。"

吴盘生先生是国内研究苏霍姆林斯基的著名专家，他翻译了不少苏霍姆林斯基的文章。最近我和他探讨关于学生称谓问题时，他对我说："苏霍姆林斯基的著作中，很少用'学生'这个词，他往往用'孩子'或者'儿童'。"吴老师这句话，一下子把我多年阅读苏霍姆林斯基的一个朦胧印象明晰为一个理解：用"学生"还是"孩子"或"儿童"，这不是随意的词语选择，而是体现了作者对其教育对象的认识。

可不可以这样理解："学生""孩子""儿童"这三个词，在苏霍姆林斯基那里是密切相连又略有区别的概念？"学生"是一个与教师相对应的概念，表明的是教师的工作对象，是整体性的指代，更多的时候是"森林"；而"孩子"和"儿童"则是具体的人，是一棵一棵的"树"。当他谈整体（集体）或强调教育对象时，往往用"学生"；需要突出学生的可爱、纯真、亲切、幼稚等特点时，他多用"孩子"；而在讨论孩子特定年龄段、特定心理状态时，他多半用"儿童"。在苏霍姆林斯基的书中，"孩子"和"儿童"基本上是同义词，但也有微妙的区别："孩子"是个相对的概念，没有年龄限制，相对于年长的教师，学生哪怕已经是中学高年级也是"孩子"，甚至在年迈的父母眼里，儿女就算五六十岁了，也是"孩子"；但"儿童"则是一个绝对概念，是处于特定年龄段的人。所以，苏霍姆林斯基在谈到"儿童"时，往往和身心发育特点有关。

有趣的是，苏霍姆林斯基在论述教育过程时，"学生""孩子""儿童"有时也交叉使用，细细品读，意味深长。例如，"从我手里经过了成千上万学生，但奇怪的是，留给我印象最深的并不是那些无可挑剔的模范学生，而是别具特点、与众不同甚至在某些方面相当难于管教的孩子"（《要相信孩子》，天津人民出版社1981年版，第4页）。看，谈到"成千上万"的教育对象和类型化的"优生"时用的是"学生"，可说到"别具特点"的具体对象时，用的是"孩子"。

四

王老师担心，"在学校，如果这样经常地不称'学生'而称'孩子'，教师有可能忘记职业使命与责任"。的确有不少老师忘记了自己的使命与责任，但把原因之一归咎于他们不称"学生"而称"孩子"，这个观点无法说服我。不是说称呼不重要，但毕竟名实相比，实重于名。因此，叫"学生"也好，叫"孩子"也好，关键在于教师是否真正把"人"放在心上。

说到把"人"放在心上，突然想到苏霍姆林斯基在书中有时候也用"人"这个词。比如他有一本书的名字叫《关于人的思考》，又比如在谈到教育的意义时，他写道："人是最高价值。"他甚至这样给教育下定义："教育——这首先是人学。"我理解，所谓"学生""孩子""儿童"……都是"人"不同侧面的不同内涵。

我做校长时，曾经给老师们说："我们一定要意识到，我们的教育对象是人，但这不是抽象的人，而是尚未成年的成长中的人，是有特定年龄心理特征的富有个性的人。"说学生是"人"，潜台词是不能把学生当"物",当"机器",当"工具",而应该把他们看作有尊严、有思想、有自己独特精神世界的"人";说他们是"尚未成年的成长中的人",强调的是他们是"孩子";说他们是"有特定年龄心理特征的富有个性的人",重点强调的是他们的"儿童"角色。

由此可见,用什么指称,表达了作者说话时要强调什么。当一些老师忽略学生"孩子"的特点,用成人化的思维和语言与学生沟通时,我们要提醒他们:"他还是个孩子!"当一些老师仅仅把学生当孩子,放纵迁就他们的不成熟,或者忽略他们的尊严,不讲师生平等时,我们则大声疾呼:"他们是人!"苏霍姆林斯基称学生为"孩子"时,体现了他对作为"孩子"的学生的尊重——用孩子的眼睛去观察,用孩子的耳朵去倾听,用孩子的大脑去思考,用孩子的情感去热爱……当苏霍姆林斯基强调学生是"人"的时候,体现了他对作为"人"的学生的尊重——人的思想,人的情感,人的尊严,人的平等,人的天性,人的个性,人的志向,人的幸福,人的无限潜力……都应该得到教育的尊重与关注。这也是吴非兄担心被"孩子"一词所软化乃至消解的。

是的,吴非兄担心老叫"孩子"会淡化教育的"立人"目标。那么请读苏霍姆林斯基的这段话——

假如学校按照重要程度提出一项教育任务的话,那么放在首位的是培养人,培养丈夫、妻子、母亲、父亲,而放在第二位的,才是培养未来的工程师或医生。

看，这不就是"立人"吗？而且这个"人"在苏霍姆林斯基的心中，内涵是何等丰富、何等具体、何等有血有肉？

学生不仅仅是"孩子"，也是"人"；学生不仅仅是"人"，也是"孩子"。这就是苏霍姆林斯基对教育对象科学、全面而富于人道主义情怀的理解。这样理解我们的教育对象，恰恰正是"立人"者应有的"人学"观念。

五

在写这篇文章时，我也和身边的同行讨论了这个话题。贵州贞丰中学校长罗慧萍说——

第一，平时称学生为"孩子"要考虑自己的年龄与学生之间的差距，如果真为长辈，在适当的环境下称呼学生为"孩子"更亲近也未尝不可。如一个高中小年轻老师时不时把"孩子""孩子们"挂在嘴边，是不是很尴尬？

第二，口语化语言环境中叫"同学"、叫"孩子"都亲切自然，而书面表达中叫学生"孩子"以强化教育者的责任意识也未尝不可。

第三，称学生为"孩子"必须是情感到深处的自然表达，如果没有对学生满腔的真情，即使生硬地叫声"孩子"，也只是居高临下做个姿态而已。

总之，老师真的做不到把每一位学生都当作自己儿女一样对待并履行作为父母的责任，称学生为"孩子"是表达一种对教育对学生深沉的情怀。作为教育者的我们，的确该用对待孩子的饱满情感对待每一位学生。把学生称作"孩子"更是一种泛指，不能把此"孩子"与彼"孩子"的内涵等同。只要对学生有真诚的感情，其实叫不叫"孩子"都关系不大，有时我们还叫"这小子""这丫头"呢，只要感情真挚，适合此情此景的就是最好的！

我完全同意罗慧萍校长的观点。

六

面对学生叫不叫"孩子"还得看学段。小学生被称作"孩子"很自然，中学生被称作"孩子"则有些做作了。尤其是我们在对学生进行权利、责任与义务等公民意识教育时，应该庄严地告诉他们："你不是孩子，你是有独立意志的人，是公民。"也正是在这个意义上，我多次跟我的高中学生说："按国际标准，18岁以下是儿童，你们满了18岁以后，除了你们的父母，谁再叫你们孩子，你们应该感到羞愧，感到脸红，至少是难为情。"

我的意思是，对小学生，老师叫"孩子""孩子们"没什么关系，但在中学，叫学生"孩子"虽然也不是绝对不可以，但总感觉不是那么恰当的称呼。那么在日常教育教学过程中，究竟如何称呼我们的工作对象最得体？我还是比较倾向于"同学"和"同学们"。老师称学生为"同学"，既自然，又合适——在校园特定的环境中，这个词与"学生""孩子"几乎同义，更重要的是，"同学"这个称谓还体现出一种平等，学生之间的平等和师生之间的平等——"共同学习"嘛!

七

吴非兄写道——

"母爱"与"爱"也不能画等号。爱学生,是教师的职业修养;把学生当作自己的孩子,把师生关系转变为亲情,或是在学校教育中以亲情渗透教学关系,则不妥。

教师关心学生健康,关心他们的安全,是职责范围内的事,不是替代父母责任。有些老师真的把自己当成学生父母了。教师关注学生未来的择业、婚姻甚至子女的教育,我完全看不出有什么必要,虽然这些现象也被作为师德先进事迹。

"母爱"和"爱"的确不能画等号,学生也毕竟不是教师的亲生孩子,模糊师生界限很多时候并不利于教育。所谓"爱生如子",不过是对师爱的一种夸张,千万不能作为一种规定,强求教师必须把学生当孩子一样"无微不至"甚至"无所不包"地"爱",那叫"越界",是"错位"。

但一些优秀老师情不自禁地把学生当作自己的孩子来爱,而且并没有因为这种爱而淡化教育,相反还收到了很好的教育效果,这恐怕不能简单地否定。虽然这并不是教育的常态,也是一般老师做不到的,但做到了的老师,是值得我们敬佩的,尽管不一定被提倡,但至少不应该被揶揄。

只是,第一,这种带有亲情般的师爱应该是自然而然的,绝不能有一丝刻意为之，特别不能将这种感情当作"工具"来使用，好像为了"感化"学生，便故作母爱，这样的教育很假，甚至很恶心。第二，即使是对学生怀有真诚的父母般的爱，也必须把握好分寸，切不可因此而真把学生当自己的孩子，严则打骂，宽则放纵。失去了原则的爱，已经与教育无关了。这样亲情般的"师爱"，我们是要警惕的。

八

写到这里，我突然意识到，我和吴非并不是在同一语境中阐述自己的观点的，甚至"说的不是一回事儿"。任何人说话都是有特定针对性的，因而呈现出不同的强调重点。吴非针对的是那些模糊自己教育责任而完全把学生当成自家孩子的老师，提醒他们："从今天起，他们是你的学生，别再叫他们'孩子'！"这是有必要的。但我个人还是感觉说教师不能把学生叫"孩子"，有点绝对。当然，如果老师们能从吴非文中得到一种职业使命的庄严提醒，那么，这样的提醒是有意义的。

至于吴非批评的师生关系因不知不觉沦为"亲情"关系而庸俗化，我是赞成这种批评的，上文已有论述，这里再补充几句。所谓"教育的意义"已经泯灭于"嘘寒问暖""养老送终"之中，学生只是"听话感恩"的"孩子"，老师则成了"再生父母"——如古训所云"一日为师，终身为父"。到了这个地步，教育已经消失。

至于教育学生"感恩"，更是不合逻辑也不合道德：教师履行本职工作，居然要学生"感恩"自己，为此还有类似班会比赛、征文演讲、舞台表演等五花八门、"生动活泼"的"感恩教育",实在荒唐至极!做了该做的,何"恩"之有?同理,所谓"父母养育之恩"的说法也是站不住脚的。天性所致,无所谓"恩"不"恩"。

本来是谈"孩子"的称呼,结尾却说到"感恩"的话题,但我不认为我"扯远了"。吴非的杂文,往往尖锐犀利,一针见血,读来酣畅淋漓,可是这次稍微有点"过"。我也坦率地说出我的不同想法,这一点儿都不妨碍我依然保持对吴非兄五体投地的佩服。说实话,如果不是他的这篇文章,我还不会深入思考苏霍姆林斯基关于"学生""孩子""儿童""人"几个概念的理解与运用。从这个意义上说,我还真得"感恩"吴非兄。

2018 年 9 月 29 日

附:

从今天起,他们是你的学生,别再叫他们"孩子"!

吴 非

可能是职业本能,可能是语言习惯,也可能是面对学生时的"下意识",我不愿把学生称作"孩子",包括对小学生,我总说"我班上的学生""这个学生我教过的""全班有五十多个同学"……

我对老师把学生称作"孩子",特别是个别老师在教室上课称"娃"特别不习惯,甚至有些反感。我郑重其事地劝同行改掉这个习惯,毕竟面对中学生了。

在一次受邀点评初中观摩课,把主要意见说完后,我说起这个问题,为什么这八位老师上课时都称学生"孩子们",说课环节也一口一个"孩子们"?为什么不称"同学们"?听课教师,包括一些知名教师面面相觑,也许觉得我对教育的认识是不是有点生硬,甚至冷漠。

每次和小学同行谈这个问题,总会引起更多的质疑或反驳。

我曾劝说一位老师:你这节公开课上一直称学生"孩子",看来已经是习惯了,你任教二十多年,是不是一直这样?这位老师说,的确没想过,她不觉得这样有什么不对;再说,大家不都这样吗?

针对我的困惑,一些老师也列举前辈模范教师乃至教育家的事例,证明这样称学生为"孩子"并无大碍。

我有自己的思考。

为什么在学校不宜称学生为"孩子"?在学校,如果这样经常地不称"学生"而称"孩子",教师有可能忘记职业使命与责任。

有那么严重吗?

可能有。

那些从家庭走出来的孩子,进了学校,学校要让他意识到自己是来接受教育的,是来改变自己的;在这里他开始不同于家庭的学习,他将成为——人。

在学校,他们接受教育,学知识,培养能力,学习思考,懂得许多人生道理。他们虽然年纪小,但能平等地受到尊重,也逐渐学会尊重别人,明白自己的权利和义务,当他走出学校时,他觉得精神上长高了。

学龄前家庭教育的任务是"育儿",学校教育的任务是"立人"。

把学生当人,包含把学生当作独立人,而非需要"监护"的孩子。家庭关系有父母和孩子,不宜曰师曰弟子。学校是人格养成之所,只有"学生"和"教师",在学校在课堂称"孩子",则错位。

有相当一部分学生不愿被当作孩子,他们已经有鸿鹄之志,却被教师一口一个"孩子"喊得心灰意冷。这个年龄的学生,心里如果没有装进一些梦想,人生不会有什么大出息。我从电影上看到,欧洲的私立学校,教师有时竟然称学生为"先生",那往往是很郑重的提醒,提醒学生责任意识、人的意识。

教育的细节体现教育意识,受教育过程中逐渐形成的"底子",影响一生。基础教育的人文起点,有可能决定一生的精神高度。现时的教育非常重视"起跑线",在地面竞逐,不惜像赛马赛狗一样狂奔,也许人忘记或是不屑于思想的飞翔,因为那没有终点。

幼儿园也不必称孩子,可以称"小朋友"。我上幼儿园时,记得最清楚的是老师喊我们"小朋友",老师和同事说话，会说"等一会儿我把小朋友带过来""我们班小朋友说有点冷"——我五岁就被别人当作"小朋友"，至今记忆犹新。

我读小学时，每次唱到"祖国的花朵"，我们这些小男生就感到别扭，我们不认为自己是花。直到好多年后，学生在教师节称教师为"园丁"，我仍感到职业性质被扭曲，虽然"园丁"是个不错的意象。

我在课上问学生："园丁的主要工具是什么？"所有的学生都作修剪树枝的动作，表示在用一把大剪刀。"那么，你们愿意让我剪去什么吗？"同学们都笑起来。

九十年代初有部电视连续剧叫《十六岁的花季》，这个短语在社会上流行了好多年。有个学生在作文中写"我们处在十六岁的花季"，这是个男生。可能因为遗传，才上高一他就长出了络腮胡，我认为他以后将是张飞、鲁智深一类的猛汉，没想到他也不由自主地用这个"花季"。我在课上读他的作文，刚开始教室里有人窃笑，然后大家都哄笑起来，因为这个形象就在面前。

有了"人"的意识，志存高远，我班上女生都不想和这个"十六岁的花季"有什么联系，她们愿意说"我是一棵树"。大家都意识到需要有合理和谐的表达，不想再和"孩子""花朵"有什么联系。

教师把十七八岁的学生称作"孩子"，或许是缺少"育人"的意识，或许是情感替换（我们不能庸俗地认作"投资"）导致错位，高中生、初中生在学习阶段被教师当作"孩

追 问

子",不利于长远的教育发展。

每每在生活中看到寻常家庭父母宠溺子女,上小学要接送,上中学也要接送,学校组织春秋游,每年不过一两次,家长也惴惴不安;上大学也送,负责拎行李;大学毕业,上班了,仍要操心。几十年来"培养接班人",远远不止"扶上马送一程",而是"一直陪",生命不息,就永远、永远把子女当孩子。

这样的家庭教育给社会制造了无数困难,它成为社会风气后则是民族的危险。有鉴于此,学校教育,特别是"爱的教育",不能没有理智。

"母爱"与"爱"也不能画等号。爱学生,是教师的职业修养;把学生当作自己的孩子,把师生关系转变为亲情,或是在学校教育中以亲情渗透教学关系,则不妥。

教师关心学生健康,关心他们的安全,是职责范围内的事,不是替代父母责任。有些老师真的把自己当成学生父母了。教师关注学生未来的择业、婚姻甚至子女的教育,我完全看不出有什么必要,虽然这些现象也被作为师德先进事迹。

学生有感恩之心,应该肯定;但教师不能有"施恩于人"的认识。教育学生是教师的职业责任,学生是接受教育的公民,把学生当作私产,让学生背负"报恩"意识,不符合现代社会伦常。

我经常听到老教师说自己的学生如何感恩,不但逢年过节,就在平时,也经常上门,嘘寒问暖,家中大小事都有学生帮忙,个别的,甚至养老送终。我理解这些老师的感受,也尊重学生们的选择。我只是不希望这成为教育常态。

同理,学生视教师为"再生父母"也是落后意识。如果学生接受的是正确的教育,他的感恩,应当是对社会——他的老师把他教育成一名遵纪守法的公民,有社会责任感,有创造意识,对工作兢兢业业,在生活中是个有仁爱之心的人,这要比到老师家去"涌泉相报"要有价值。

较真

教育的常识很朴素

在这个喧嚣的时代,越来越多清醒的教育者呼吁,教育要回到原点,遵循常识。

所谓"常识",简单地说,我认为是人所共知的真理。《现代汉语词典》上的解释是:"普通的知识。"我这里说的"常识",便是指相对正确而且得到公认的真理性教育命题。

那么,教育有哪些常识呢?

"没有爱,就没有教育。"

这是老得不能再老的常识了,但往往被人遗忘。教育是师生双方心灵交融的过程,充满着浓浓的人情味。但现在许多人越来越把教育仅仅当作"技巧"的操作或"艺术"的施展。我们不是否认智慧和专业能力的重要性,但是,爱是必不可少的前提,没有爱,"水平"再高也没用。

"只有爱,也没有教育。"

缺乏爱的教育是伪教育,但用爱取代一切,也不可能有真正的教育。教师还要有职业精神,要有民主与平等的现代意识,要有渊博的学科素养和厚重的文化底蕴———一句话,要有不可替代的专业能力。虽然对学生的爱能够促使教师不断提升自己的专业水平，但爱本身不是专业水平。对孩子的爱，教师超不过家长，但家长不一定都能搞好教育。

"一分耕耘，一分收获。"

这话的意思就是做什么都得付出艰辛劳动，只有勤奋，才有成功。但我们现在不少教育者恰恰喜欢"发明"捷径。一些校长或专家时不时会宣称自己创立了什么"模式"或什么"几步法"之类的"科研成果"，从而"迅速提升了教学质量"，"创造了教育的奇迹"云云。对此我嗤之以鼻。方法无论多么科学，都需要刻苦精神。"梅花香自苦寒来"永远都不会过时。

"最好的教，就是让学生学会学；最好的学，就是让学生给别人讲。"

现在各种名目的自主学习课堂，被冠以各种各样的名称，并都以改革创新的面目出现在媒体上。但在我看来，其实这些都是常识的胜利。从孔子与弟子的对话，到陶行知的"教学做合一""小先生制"，再到80年代上海育才中学段力佩校长的"茶馆式教学"，一直到今天山东杜郎口中学的"小组合作"……贯穿其中的都是对学生的尊重，只要学生动起来了，教学自然"高效"；否则无论表面上多么热闹，都是"搞笑"。

"一把钥匙开一把锁。"

这句话的意思就是教育没有"万能钥匙"。任何一个孩子都是独一无二的世界，任何班级都是一个与众不同充满个性的集体，任何学校也都有属于自己的地域文化、社区环境、办学传统、生源特点，因而成为一个具有鲜明独特性的"精神共同体"。所以，无论一个人，还是一个班，或是一所学校，都不可能用什么"放之四海而皆准"的技巧、方法、模式去"搞定"。教育当然有着普遍的原则，但所有的"绝招"都具有"针对性""现场性""临时性"甚至"一次性"。

"任何一个孩子首先是其家庭的产物。"

我们常常不切实际地夸大学校教育的作用，夸大教师对学生的影响。其实，一个孩子能否成才，和其父母有直接的关联。最起码孩子的智力就取决于其父母的遗传基因，这点我们不可否认。我们不要总是认为"优生"都是教师教育出来的。以品行而言，孩子做人的高下，最重要的依然取决于其父母的家庭教育。一个孩子举止粗俗，言行不一，不讲卫生，懈怠懒惰……不能说和学校一点关系都没有，但关系实在不太大，而和他家庭教养太糟糕有关。对这样的孩子，做教师的只能出于职业素养而尽量引导和教育。希望把所有的责任都担在肩上，企图单凭学校力量而彻底改变一个孩子，这就违背了常识。

"班级的魅力就是班主任的魅力。"

就课堂教学而言，一堂课的所有吸引力都源于教师对学生的吸引力，许多孩子因为喜欢某个老师而喜欢上了相应的学科，所谓"亲其师信其道"。同样的道理，一个孩子是否喜欢他的班级，主要还是取决于他是否喜欢班主任老师。因此，班主任要明白，让自己的班级充满魅力的主要途径，就是让自己富有魅力。有爱、平易、博学、多才、幽默、敏锐、点子多、有感染力、会讲故事、善于走进孩子的心……这些都是班主任让孩子佩服的魅力所在，也是班级的魅力所在。

"学生的成长不能只看分数,少年的生活应该丰富多彩。"

我想没有人会反对这个常识。但现实情况是,不少学校的校园生活只剩下考试和分数。什么"德智体美劳全面发展",什么"以人为本",什么"为了学生的一切",什么"为了学生的未来",等等,大多是写在墙上的标语,而实际上,音体美课被挤压,课外活动被取消,春游秋游更是以"安全"的名义禁止。教育所应有的浪漫、情趣、感动、开心统统让位于考试,因为"分数才是硬道理"。如此畸形的教育,只能造就孩子畸形的人生。到了高三,学生自然而然地便接受了"只要学不死,就往死里学""提高一分,干掉千人"等雷人的励志口号。这样的教育多可怕!

"教育科研是做出来的,而不是写出来的。"

这本来是不言而喻的,可现在不得不作为常识来强调。因为在现在的一些校长和老师眼中,教育科研似乎就是写论文,所以谁写得多,谁的教研科研就搞得好。一些学校搞教研科研实际上是这样操作的:先找一个比较时尚的"课题"(比如最近就可以选"关于中国梦教育与学科教学互相渗透的实践研究"),然后写开题报告,再请教育专家来进行课题论证,一旦通过,便束之高阁,平时无人问津,也不会有人真搞研究;两三年后,待结题时间快到的时候,赶紧集中精力写结题报告,参研人员也抓紧时间写课题论文;最后再请来专家进行课题验收,一旦验收合格,就万事大吉,把课题证书陈列于校史馆,将有关论文汇集成煌煌大作屹立于学校图书馆的书架上……这样的"科研"和学校发展一点关系都没有,因为真正有效的科研必须源于本校实际的"做"。这是常识。没有做只有写的科研,是不折不扣的假科研。

"名师名校无法速成。"

不知从什么时候起，我们渐渐习惯了这样的说法："三年打造名校！""五年培养名师！"……我不知道这"三年""五年"的期限有什么科学依据，但我知道名师名校无法速成，这是常识。很简单，名校也好，名师也罢，都是学校发展和教师成长自然而然水到渠成的结果，揠苗助长就违背了规律，而违背规律却偏要去做，而且还做得声势浩大，这就成了笑话。另外，名校名师之"名"就是"影响"，而"影响"或大或小都是一种客观的社会现象，而不应该由教育来"认定"。所以我一直认为，所谓评选"名校""名师"是不合理的，因为这样做违背了常识。真正的名校名师都是有口皆碑的结果，请问当年的晓庄师范是否被授予过名校的荣誉称号？钱梦龙是否当选过"国家级名师"？

……

教育常识当然不止上面随便列举的这些，还有很多。其实，常识就存在于我们的日常教育生活，存在于我们的课堂和我们的班级。但是，越显而易见的道理，却越容易视而不见；或者即使见了也觉得"过时""老一套"而抛在一边。于是，在我们追逐"新理念""新模式"的时候，教育却失落了。

这篇文章了无新意，因为常识本身就没有"新意"，相反它往往朴素得让人看过就忘。但如果我们紧紧抓住这些朴素的常识，并在每一天的教育生活中体现出这些常识，那么真正的教育便回到我们的身边了。

2021年3月1日

"学者"是校长的固有属性

今天上午10:30，成都七中实验学校食堂管理问题成都市联合调查组举行新闻发布会，宣布了最新信息：针对本次事件暴露出成都七中实验学校在管理中存在的问题，目前温江区主要采取了八条措施；已解聘成都七中实验学校现任校长的校长职务，已经确定新任校长的人选；粉条样品有霉斑，还有家长故意摆拍照片上传网络。

这条新闻迅速在网上传播，有人用了"惊天逆转"的表述。其实，在我看来，确实有"逆转"，但并未"惊天"。我完整地看完新闻发布会的有关报道，并没觉得联合调查组否认了学校食堂的问题，否则为什么要采取八条措施并解聘校长呢？但个别家长伪造图片夸大其词，激化矛盾，扩大事态，这是事实。他们应该并已经依法受到惩处。

这是不是最终结果，还不得而知。我们继续拭目以待。

我个人对有媒体关于成都七中实验学校新任校长毛道生的报道产生了一点兴趣。四川教育新闻网的标题是："'学者型校长'毛道生出任成都七中实验学校校长"。我的兴趣点在"学者型校长"的说法上。

我和毛道生校长接触不多，但印象很深。我特别欣赏他的勤奋，比如我几乎每天都可以在群里看到他的读书笔记。报道说他"儒雅、博学、善思、勤写"，绝非虚言。这也是我佩服他的地方。说他是"学者"，一点儿都不是溢美之词，而是对他的客观介绍。

问题是，学者难道不是校长的固有属性吗？

我们经常说，某领导是"学者型官员"，这个评价是成立的，因为的确有不少纯粹的行政官员除了行政能力，在学识方面可能欠缺，比如把"滇越铁路"读为"镇越铁路"，把秘书起草稿件上的"80%—83%"读成"百分之八十减百分之八十三"等。这里不涉及任何道德评价，纯粹只陈述一种客观现象，因此，说谁是"学者型官员"，就是把他同其他非学者的官员区别开来了。

我们很少听到"学者型理发师""学者型清洁工""学者型杀猪匠""学者型三轮车师傅"……因为太少。当然，也不是绝对没有。前几年就有媒体报道某著名大学的保安业余时间勤奋学习，经常旁听该校课程，后来考上了该大学的硕士研究生。可惜报道时没有人说他是"学者型保安"——其实这个称呼真的非常恰当。类似称呼的前提是，学者并不是理发师、清洁工、杀猪匠、三轮车师傅和保安的固有属性，所以当他们同时又是学者时，自然必须以"学者型"冠之，以示区别和强调。

我们也很少听到"学者型教师""学者型教授""学者型医生""学者型记者""学者型作家""学者型哲学家""学者型史学家""学者型法学家"……因为"教师""教授""医生""记者""作家""哲学家""史学家""法学家"（当然远不止这些）本身就应

较 真

该是学者。

什么叫"学者"？学者，属于社会学概念，有广义和狭义之区分。广义的"学者"，系指具有一定学识水平、能在相关领域表达思想、提出见解的人。狭义的"学者"，指专门从事某种学术体系研究的人。学者包括：思想家、哲学家、法学家、文学家、史学家和各类文化的理论或学术专家。

至少从广义的"学者"内涵上说，教师、教授、医生、记者、作家……本身就应该是学者；而从狭义的"学者"内涵上看，哲学家、史学家、法学家……也是学者。从严格意义上我甚至可以这样说，不是学者的教师、教授、医生、记者、作家……是不存在的，或者说轻一点是不合格的；不是学者的哲学家、史学家、法学家……简直就是个笑话！

说回"学者型校长"这个表述。作为教育思想的体现者，作为一所学校的领航者，作为教师的教师，真正的校长天然就是学者——二者是浑然一体的。这还需要论证吗？

写到这里，我自然而然想到了中国近代担任过校长的经亨颐、陶行知、张伯苓（我这里仅仅举的是中学校长，更别说大学校长梅贻琦、蒋梦麟、竺可桢等先生了——当然，张伯苓后来也担任过大学校长）……他们哪一个不同时又是伟大的学者，甚至是伟大的教育家？还有当代的于漪、钱梦龙、李希贵、冯恩洪、程红兵、李海林、卢志文、李庆明、杨瑞清……正因为他们是学者，所以他们才会是优秀的校长。好，我不说名人，单说我经历过的几位校长——乐山一中原校长林祥康、罗永昌，成都石室中学原校长王绍华……他们都是我敬佩的校长。

当我们以"学者"一词的广义解释来衡量校长时,校长也没有理由不是学者。

难道校长可以不"具有一定学识水平"吗?你没有一定的学识水平,你能够并且好意思领导一大批学士、硕士、博士学位的教师?难道校长可以不"在相关领域(也就是教育领域)表达思想"吗?你对教育居然没有想法(还别说"思想"),你办什么学呢?难道校长可以是无法"提出见解的人"吗?你没有自己的见解,只会人云亦云,只会唯长官意志马首是瞻,还当什么校长呢?

教育家苏霍姆林斯基长期担任一所乡村学校的校长,他有一句名言被众多的中国教育者所熟知:"领导学校,首先是教育思想的领导,其次才是行政上的领导。"学识、思想和见解,是一个校长的灵魂。

因此,在我看来,"学者型校长"这个说法,如"学者型教授"一样荒唐。因为"学者"本来就是校长的固有属性。

当然,我也知道,任何一个说法的出现都有其必然的客观依据。那么,"学者型校长"这个"荒唐"说法的客观依据是什么呢?就是现实中,有的校长并不是学者。他们并不像毛道生校长那么勤于思考,勤于阅读,勤于写作,而我们中国的教育,太需要每一位校长都如毛道生校长一样,保持学者的本色。

想起经亨颐、陶行知、张伯苓等先生以及我年轻时给过我支持、帮助和提携的校长,我常常感慨:过去的校长仁慈、儒雅、宽厚,他们首先是学者,是在用身心"耕耘学校";而现在一些(不是所有)校长则更多的是"商人",是在用手腕"经营学校"。

这些"商人校长"（对不起，我忍不住临时杜撰了一个很别扭的词）觉得自己没必要是学者，因为他们并不是在办学，而是在……

算了，不说了，说多了又把一些"校长"得罪了。

2019 年 3 月 17 日下午

老师在微信朋友圈里晒旅游照片无可厚非

——别用无形的"道德"绳索捆住教师的心灵与手脚

最近一则关于提醒教师不要在微信朋友圈里晒旅游照片的"通知",引起了老师们的普遍反感,一时热议不断,让沉寂了一段时间的网络又热闹了起来。大家抨击该"通知"的发布者:"老师们假期自费旅游招惹谁了?""自己辛苦挣的钱自己怎么花,还得听有关部门安排?""你觉得当老师好玩儿,你来当呀!"……我当然也觉得这个"通知"太荒唐、太离谱,荒唐离谱得"不真实"——我最初听说这个通知时,第一个反应是"不可能",是有人在网上"恶搞"。

我曾经说过,就育人而言,教育这个职业的确不是一般的职业。作为教育人,我们在职业道德和专业技能上对自己应该有着较高的标准。教育以外的人,对教师各方面的要求高一些,这可以理解。但教师追求高尚的人格,不等于教师就没有应有的"人"的合理诉求,失去了作为一个人应有的享受与乐趣;对教师寄予崇高的期待,不等于要把教师奉为不食人间烟火的"圣人"。然而,长期以来，教师的精神和肢体总有一种"被束缚感"，做什么都得"注意影响"，结果不但失去了精神的自由，也失去了行动的自如。

那么，究竟是谁用无形的"道德"绳索捆住了教师的心灵与手脚呢？

我认为这"绳索"来自三个方面——

第一条"绳索"来自有些教育行政部门。毫无疑问，正常的学校教育教学需要教育行政部门科学而有序地管理，教育也应该和所有行业一样，接受政府代表人民监督。这是不言而喻的"默认前提"。但是这种管理和监督只能是依据国家的相关法规来实施，也就是人们常说的"依法行政"。恕我直言，一切离开了《教育法》《教师法》等国家法规而对教师的苛求，都属于"乱作为"。比如这次的"老师旅游不能发朋友圈"的"通知"，就是毫无任何依据而随心所欲对教师正常私人生活的干涉。对于个别违背师德，违反教师职业规范的教师，教育行政部门依法依规严肃处理，这是完全应该的，不如此不能维护教育的神圣与教师的尊严。但不能因为个别"害群之马"，便对整个教师群体有一种源于"不放心"的"防范心理"。有些教育行政部门发的通知，总是爱规定教师不许这个不许那个，却很少鼓励教师可以这样或者那样。如果教师们连周末 AA 制自费吃个饭，都被通报批评，他每天怎么可能以一种幸福的心态和潇洒的姿态走进校园、走进课堂？

第二条"绳索"来自某些"社会舆论"。所谓"社会舆论"，是社会对某一问题的共同倾向性看法或意见，而这种看法或意见，从来都没有"署名"。它可能来自某些媒体夺人眼球的"据说"，可能来自某些机构耸人听闻的"据传"，也可能来自街谈巷议的"听说"……虽然无形，却颇具杀伤力。其特点往往是捕风捉影、断章取义、添油加醋、以偏概全。比如前段时间有一篇文章在网上流传甚广，内容是说现在的教师对应该讲的知识"课堂上不讲，课后交费补讲"，而且已经是"普遍现象"了，由此创造出一个词——"师腐"，并进一步把"师腐"和"官腐"提到同样严峻的高度，大有"师腐不除，国将不国"的岌岌可危之虞。这简直是夸大其词，且耸人听闻！教师队伍中当然有个别这样的败类，但不能以这"个别"来否定整个教师群体啊！有些媒体为夺人眼球，总喜欢盯着容易引发"轰动效应"的个案来渲染报道，这就让本来应该得到全社会尊重的教师，有时候甚至出了校门都不敢说自己是教师，谈何尊严？医生救死扶伤，警察维护平安，教师教书育人，这三类职业本来最应该受到社会尊重，现在却被妖魔化了！有一年我在外面讲课时，课件上有一张我校老师春游打麻将的照片，于是，有记者就提醒我说："公开场合展示老师们打麻将的照片，而且没有批评性的评价，影响不好。"我火了："老师休息不能打麻将吗？谁规定的？其他行业的人下班后都可以打麻将，为何老师不行？"如果一个老师成天战战兢兢、小心翼翼，不做贼也心虚——因为他不知道什么时候就会引发"影响不好"的"社会舆论"，如此精神被束缚的教育者，怎么可能成为新一代公民的创造者？

第三条"绳索"来自教师群体中的某些教师。记得去年我在暑假旅游过程中将照片晒在微信朋友圈里，也有朋友提醒我要"注意影响"，因为"暑假还有老师在给高三学生补课"；还说"我们收入低，没法去旅游"；加上去年国内有些地方发大水，有人就批评我"还有心思旅游"。当然由于种种原因，教师待遇的地区差异还比较大，现在并不是所有老师都能够旅游。但愿有一天，每一位中国教师都能够有经济实力假期旅游。可是不能因为还有老师不能去旅游，所有老师都不能旅游呀！微信公众号有一个打赏功能，读者可以自愿给作者打赏。其他作者接受打赏好像没事，可教师就不行，好像教师接受了打赏就"有悖师德"，而这种指责往往都来自同行。因为有老师对我直言："这好像不是李老师的风格。"我也直言："这就是我的风格！"很难说这些老师有什么恶意，他们也许是长期以来背着沉重的"道德重负"所致，不仅自己被无形的"道德"绳索捆绑，而且用这绳索去捆绑同行。但长期如此，教师的精神状态会是怎样的，不言而喻。

再说一遍，教师当然需要起码的从业良知、过硬的专业技能和规范的职业言行，但不需要"道德"绑架——无论这种"绑架"来自何方。教育的使命是培养具有自由精神、创造能力的人，因此教师最应该拥有舒展的心灵。愿我们老师的身心挣脱枷锁，以明亮的精神世界去造就同样精神明亮的现代公民。

2017 年 8 月 21 日

师范院校应以"师范"为荣

1977年考大学时,我报考的是四川师范学院(后来更名为"四川师范大学")。从进大学第一天起,我就知道这一生我是当老师的。那个时代的教师地位谈不上有多高,但国家也没有刻意强调教育和教师的重要性。"没有刻意强调"可以理解为国家不重视,也可以理解为没有必要强调。至少我从没有为自己是"师范生"而自卑过;相反,一想到自己将来是教师,我就有一种跃跃欲试的憧憬。

国家设立教师节是1985年,从那时起,我渐渐听到了国家强调教育和教师的重要性,"百年大计,教育为本;教育大计,教师为本"的说法也出现了。但有意思的是,恰恰是在国家强调教育重要性的同时,全国各师范院校不甘于自己的"师范"身份,纷纷向综合性大学靠拢——

添加了许多非师范专业,比如房地产经营与估计、投资学、电子商务、石油工程等;增设了不少非师范院系,比如旅游学院、影视学院;扩大了许多非师范生源;更有甚者,把校名中的"师范"二字去掉,因此不少师范名校消失了,成了普通大学。

我曾参加过一个北方某师范大学的校庆,走进校园,看到的

"母校杰出校友"的照片，大多数是企业家、官员和明星。该校拍了一部校庆的宣传片，宣传片在罗列"办学成果""培养人才"时，说母校培养了将军，培养了院士，培养了歌星、演员、舞蹈家，还有主持人，就是不说培养了千千万万人民教师，连一句都不提！

我非常惊讶，而且气愤：一所师范大学如此弱化淡化"师范"色彩，不以"师范"为荣，还怎么教育你的学生热爱教育？

那一两位将军、院士不过是个别有天赋的师范生后来由于种种原因进入了军界和科学界，而成长为将军和院士，他们当然也是学校的骄傲，但毕竟是"非主流"；而寥寥可数的几位歌星、演员、舞蹈家，是该校影视学院毕业的学生。这几位精英、名人的成名主要是因为他们的天资与机遇，与学校的"培养"不能说一点关系没有，但这关系实在不大。如果你非要说是学校培养的，那为什么不多培养一些将军、院士、明星？

关键是，一所师范大学校庆的时候，把非师范的名人、明星作为自己的"培养成果"而"忽略"广大的一线教师，合适吗？

提高教育的地位，提升教师的尊严，还有很多事要做，但我认为至少应该从师范院校看得起自己开始。师范院校办师范恰恰是师范院校的优势——无论如何增加学校的非师范专业，师范院校也不一定能胜过综合性大学。因此，我强烈呼吁，师范院校守住师范的本色，别老想着"向综合性大学靠拢"，把师范院校办好，就是师范院校的价值和尊严所在。

师范院校只有以学校培养的千千万万一线教师为荣,母校毕业的每一个学生才会以自己是教师为傲。如果连师范院校都不以"师范"为荣,总想"去师范化"以脱掉"师范"的皮,又如何得到社会的尊重呢?

2020 年 1 月 1 日

把教师比作"园丁""蜡烛""春蚕"没有错

所有比喻都是以其"片面性"来表达特定含义的。

比如,"教师是园丁""教师是蜡烛""教师是春蚕",其特定含义是指教师的教育自觉和教师职业的奉献属性。也仅仅是在这一点上,这些比喻才成立。

但如果非要理解成:"园丁"就是粗暴遏制学生的个性发展,"蜡烛""春蚕"就是无视教师本人的生命,这就有点抬杠了。

很遗憾,已经有很多年了,这种"抬杠"依然很"时髦",而且披着"批判性思维"的美丽外衣,赢得阵阵喝彩。

但是,稍微仔细一琢磨,就会发现这种批判是站不住脚的。

须知,比喻的特征就是"抓住一点,不及其余"。我们说"姑娘好像花儿一样",你偏要以批判性思维质疑:姑娘作为一个活生生的人,有自己的生命,有自己的个性,有自己的精神世界,难道可以像自然界的花儿一样被任意采摘、任意摆放吗?

这……我就无话可说了。

还有:"弯弯的月亮像一条小船挂在夜空中"(请问,"小船"可以"挂"吗?);"茫茫的草原像一张无边无际的地毯"(请问,任何地毯都是有规格和尺寸的,有"无边无际"的地毯吗?);"夜空中的星星就像无数只眼睛一眨一眨的"(请问,长着眼睛的"夜空"是脸吗?那鼻子、嘴巴在哪里?"无数只眼睛"不是太令人恐怖了吗?)……

我们常常把儿童比作"花朵"和"天使",可100多年前,意大利教育家蒙台梭利在《童年的秘密》中这样写道:"成人愚蠢地说:'儿童是植物,是花朵。'这意味着'它应该不出声',或者说儿童是'天使',也就是他确实是一个到处活动的人,可是这只是在人居住的地球之外。"

把孩子比作"花朵"和"天使"都是没错的,关键是不要因此就如蒙台梭利所说,将其含义"愚蠢"地理解为"应该不出声"或"在人居住的地球之外"。

所以,经典的比喻,很多时候因理解产生了荒谬。

千千万万的教师,一辈子辛勤劳作,引领学生成长,燃烧自己的青春,奉献知识的蚕丝,凭什么就不可以被誉为伟大的园丁、美丽的蜡烛和崇高的春蚕?

这是每一位默默无闻的教师受之无愧的光荣!

关键是,在怎样的意义上理解这些比喻。

比如,有老师真以为自己是"园丁",便粗暴践踏学生的精神世界,追求"整齐划一""一刀切"的教育效果。

比如,有领导真以为教师是"蜡烛"和"春蚕",便无视教师的生命质量,也无视教师正当的权利和合法的物质待遇。

这当然很荒唐,所以是任何教师都不能接受的。

但这不能怪比喻本身,只能怪你的理解。

2020 年 3 月 28 日

不做"雄辩症"患者

一

我不止一次被侵权——文章被抄袭,因此也多次撰文批评这种现象。可有个别网友说:"人家分享一下让大家看,我觉得无可厚非,希望您大气一点。"

我的回复是:"你的大气让我惊呆了!"

的确让我"惊呆了"。如此是非不分,凡是思维正常的人都会"惊呆"的。

但有的人却振振有词:"好的文章为什么不让更多人分享呢?无非就是作者怕损害自己的经济利益嘛!"

对此,我无语。

生活中,常有这样的情况,明明是歪理邪说,却说得义正辞严。

有一个成语叫"理屈词穷",可有的人理屈而词不穷。

我把这称作"诡辩"。

二

还有一种诡辩,就是不管你说话的语境,直接从你的文章中孤立地挑出某一句甚至某一个词来批判,而且还理直气壮,气势如虹。

比如——

"幸福,其实就是一种心境,与财富与地位无关。"(让你每天衣不蔽体、食不果腹,你还"幸福"不?)

"态度决定一切。"(技能、智慧、机遇……统统没用?)

"细节决定成败。"(顶层设计不要了?)

"发展才是硬道理。"(稳定是不是硬道理?改革是不是硬道理?)

……

这些话,如果要"较真"(比如括号里的追问),都经不起逻辑的"质疑",每一句都不值一"驳"。

我们平时说话都有许多约定俗成的"默认前提",即不言自明的"省略"或直逼重点的"片面"。在特定的语境和背景下,往往也是"抓住一点,不及其余"的。如果我们随时都这样"滴水不漏"地说话,那就没法说话了。

三

突然想起,"文化大革命"结束后不久王蒙写的一篇小小说,全文如下——

一位医生向我介绍,他们在门诊中接触了一位雄辩症病人。

医生说:"请坐。"

病人说:"为什么要坐呢?难道你要剥夺我的不坐权吗?"

医生无可奈何,倒了一杯水,说:"请喝水吧。"

病人说:"这样谈问题是片面的,因而是荒谬的,并不是所有的水都能喝。例如你如果在水里掺上氰化钾,这水就绝对不能喝。"

医生说:"我这里并没有放毒药嘛。你放心!"

病人说:"谁说你放了毒药呢?难道我诬告你放了毒药?难道检察院起诉书上说你放了毒药?我没说你放毒药,而你说我说你放了毒药,你这才是放了比毒药还毒的毒药!"

医生毫无办法,便叹了一口气,换一个话题说:"今天天气不错。"

病人说:"纯粹胡说八道!你这里天气不错,并不等于全世界在今天都是好天气。例如北极,今天天气就很坏,刮着大风,漫漫长夜,冰山正在撞击……"

医生忍不住反驳说:"我们这里并不是北极嘛。"

病人说:"但你不应该否认北极的存在。你否认北极的存在,就是歪曲事实真相,就是别有用心。"

医生说:"你走吧。"

病人说:"你无权命令我走。这里是医院,不是公安机关,你不可能逮捕我,你不可能枪毙我。"

……经过多方调查,才知道病人当年参加过"梁效"的写作班子,估计可能是一种后遗症。

较　真

小说的题目叫《雄辩症》。

四

可能年轻人不知道什么叫"梁效"。

"梁效"是"两校"的谐音，而"两校"是指北京大学、清华大学。"梁效"是"文化大革命"中北京大学、清华大学"大批判组"的笔名，以抡棒子、扣帽子、蛮不讲理而臭名昭著。

"雄辩症"是其典型特征。

说实话，我是在"文化大革命"时期接受的中小学教育，因此，我也患上过"雄辩症"。

后来为了"治愈"，读了很多书，了解了很多信息，思维趋于正常，逻辑回归大脑，症状才渐渐基本消失——但也不能说绝对消失了，因此我还得时时警惕自己"旧病复发"。

年轻的朋友，你是"雄辩症"患者吗？

2020 年 4 月 4 日

感动

今秋对我如此厚爱

——《教育的 100 种可能》新书发布会侧记

2020 年 9 月 21 日晚上七点整,我着陆首都机场。学生荣建前来接我——不到 24 小时的北京之行开始了。

第二天早晨六点半我出门晨练。

平时在家我也是六点半出门晨练,天还没完全亮,但我在锦江边走着走着天就亮了。而今天,北京的六点半天已大亮,天空湛蓝。我从酒店出来,穿过原汁原味的老胡同,走着走着,便走到了长安街,走到了天安门广场。

斜斜的阳光打在宽阔的长安街上,打在长安街北侧南池子的红墙上,打在南池子西边的天安门城楼上,打在天安门城楼前面的花团锦簇上,也打在缓缓前行的我的脸上……

万里蓝天,通透清澈,没有一丝云彩。时不时有一群一群的鸽子呼啸着飞过,在天空中划过一道道弧线。

阳光、蓝天、鲜花、鸽子……我感觉都是为我扑面而来的。因为今天我的新书《教育的 100 种可能》发布会将在三联韬奋书店举行。

自我感觉,这是我最重要的一套书,只有 1998 年出版的

《爱心与教育》可以与之相提并论。据出版社说，仅十来天，各销售平台已呈火爆之势。22年前，《爱心与教育》刚刚出版，中央电视台《读书时间》的主持人李潘跟我联系，说她读了该书热泪盈眶，要我马上去北京，她将制作节目向全国读者推荐；巧的是，这次她读到《教育的100种可能》后，依然主动提出要制作两期节目，向全国读者推荐。

这刚好印证了我的感觉，《教育的100种可能》是22年后的《爱心与教育》。

几天前，出版社发给我一份邀请嘉宾名单，每一个名字都让我敬仰不已。他们是（排序随机）——

朱永新（博士生导师、政协副秘书长、新教育实验发起人）

马国川（中国教育三十人论坛秘书长）

檀传宝（北京师范大学教育学部教授兼学部学术委员会主席）

石中英（清华大学教育研究院常务副院长、教授、博士生导师）

王旭明（曾任教育部新闻办公室主任、教育部新闻发言人）

肖甦（北京师范大学国际与比较教育研究院教授）

冉乃彦（北京教育科学研究院副研究员、中国教育学会自我教育学术委员会副主任）

刘堂江（中国教育学会常务副会长、教育部新闻宣传专家顾问组成员、中国出版政府奖评委）

雷振海（中国教育报刊社副社长，中国教师报总编辑、编审）

赵福江（北京教育科学研究院班主任研究中心主任、《教育科学研究》杂志社社长、《班主任》杂志社社长兼主编）

练玉春（《光明日报》教育部主编）

沙培宁（编审、资深媒体人、《中小学管理》原主编）

华应龙（全国著名特级教师，现任北京第二实验小学副校长，北京师范大学等高校兼职教授）

荣建（北京工业大学城建学部教授、博士生导师，中国交通运输协会共享出行分会秘书长）

李潘（国家新闻出版广电总局特聘全民阅读形象大使，中央电视台《读书》栏目制片人、主持人）

谢湘（高级记者，中国青年报原副社长兼教育科技中心主任，现任首都新闻工作者协会副会长兼秘书长）

翟小宁（博士，中国人民大学教授，博士生导师，特级教师，获全国教育创新杰出校长、中国好校长等荣誉称号）

……

我心想，自己何德何能，能让这么多我敬佩的专家、学者、教授、朋友在百忙中抽出时间前来为我捧场？当然，我也深深知道，几十年来，正是包括他们在内的许多人对我的帮助、支持、提携……才让我的教育走到了今天。

下午两点整，新书发布会准时开始。

漓江出版社社长致辞后，主持人请我发表感言。我说——

我首先要感谢在座的每一个人，没有你们就没有我今天的教育成绩。你们每一位都是我应该感恩的人。你们看，主席台上的冉乃彦先生今年83岁了，还赶来参加我的新书发布会。如果按世俗的"级别"，他是没有"资格"坐主席台的，但如果最年长的冉老师坐在下面，而我坐在主席台上，我心里会非常难受。

这次组办方在考虑谁坐主席台时有些为难，因为主席台只能坐八人，谁坐谁不坐都不合适。于是，我提了一个建议，我说别为难了，一律以年龄为序，年长的前八名就坐主席台，管他什么级别，我们这是个学术活动嘛！哪怕朱永新老师没能进入前八名也不要紧，那他就坐下面嘛，我相信他不会介意的。当我把这个想法跟各位专家朋友说的时候，所有人都同意，而且都说"没关系的，我坐下面就好了"。仅这一细节，就让我感动！

我要感谢漓江出版社的文龙玉老师，她为我的著作倾注了太多的心血，正是在她的努力下，我的教育故事才得以这么完美而精致地呈现在读者面前。

我已经出版了83本著作了。说实话，多一本著作或少一本著作好像没有多大关系，但这本书于我而言非常重要。因为这是我的学生和我共同的生命史诗，是我们共同缔造的教育童话。

所以我更要感谢《教育的100种可能》中的36名学生。我们共同的创作，用了30多年的时间。下面坐着荣建，他现在是北京工业大学的教授、博导，是国内城市交通方面的专家，但我现在都还记得36年前的8月底，小学毕业的他一个人来乐山一中报名的样子。当时的他，那么矮小，那么瘦弱，那么秀气，那么可爱，喜欢玩女孩子才玩的游戏，踢毽子、跳橡皮筋……当时谁能想到，36年后，他能成长为教授、博导和专家？

其实不止成绩好的荣建，我还有许多当年成绩并不好，甚至很调皮、让我头疼、让我操心的孩子，多年后他们的人生一样精彩，让我惊讶。比如我书中写到的张凌，当年成绩差，表现糟，但现在他是四川省足球队的教练。

当然，我更多的学生，既非教授、博导，也非足球教练，他们就是普通岗位上的劳动者：乡村教师、银行职员、公交司机、餐饮老板……

比如，我书中写到的刘春华，他没上大学，现在是一名公交车司机。他曾对我说："李老师，我虽然没有出息，但是我的乘客很喜欢我。"有一次，有位乘客坐车坐过了头，刘春华赶紧让她下车到对面去往回坐。那位乘客说："不，我就想坐你的车。"刘春华说："我还有半小时才发车呢！"那乘客说："没关系，我等你返程。"当时听刘春华讲了这件事后，我说："你这就是出息！"大家想想，这样的学生难道不也是我最优秀的学生吗？有的孩子考上了名校也未必受他周围的人欢迎。

无数这样的普通劳动者，他们善良、正直、勤劳，用自己的智慧和汗水养活自己，也为社会作出力所能及的贡献。这不也是我们教育的成果吗？为什么一定要让每一个孩子都成为"985"或"211"呢?

我就是想用我这些学生的故事,表达这样一种理念:无论眼前的孩子成绩拔尖还是糟糕,表现优秀还是顽劣,他的未来都有无数种可能。我这本书的书名也比较形象,说的是"100种可能",其实,孩子的未来岂止100种可能?

如果我们的家长有了这种认识,看待孩子就少了许多焦虑,而多了许多从容;如果我们的老师有了这种理念,面对学生就少了许多苛求,而多了许多欣赏。

这才是教育本来的样子。几十年来,我没有任何"创新",我就是力图扭转已经被扭曲的教育,让教育回到它本来的样子。如果教育恢复了常识,那么教育就获得了生机。

如果每一个老师都遵循常识,陪伴着孩子成长,我们就会和学生一起缔造教育的童话,谱写青春的诗篇,导演人生的传奇。

朱永新老师本来决定参加这次发布会,可他临时接到通知要参加重要会议,无法脱身,特意写了一篇书面发言。他说——

镇西的这本书告诉我们:教育就是一个播种美好的事业。如果一个教师能够把美好的理想、美好的习惯,播种在孩子们的心中,那么,在他们长大以后,我们一定能够收获美好。无论他从事什么职业,他都会努力"长成自己曾经渴望的模样",都会努力"做一个精神贵族"。

镇西的这本书告诉我们,教育,本来就不应该用一个模子浇铸本来具有不同潜质、不同个性的学生，而是应该让他们每个人成为更好的自己。教育，就是要为学生打开心灵的窗户，让他们看到辽阔的世界，寻找自己的方向，创造无限的可能，成为最好的自己。

李潘老师也是临时有突发情况不能来参会，但她特意录制了一个小视频。在视频中，她回忆了22年前读《爱心与教育》的感动，并谈了这次读《教育的100种可能》的感悟，她认为后者是前者的延续。

接下来，冉乃彦、刘堂江、王旭明、沙培宁、翟小宁、雷振海、赵福江、荣建、檀传宝、华应龙、马国川等人都发表了热情洋溢的讲话，他们当然不乏过奖之词，但更多的是对我民主与平等教育的认可，尤其是对我在当今越来越功利化的教育背景下所表现出的超越功利、善待每一个学生的理念与实践表示欣赏。其实，这是每一个有良知的人对教育的呼唤。

檀传宝等几位专家还就我在序言中能够大胆地对自己的教育进行反思，并接受学生对我的教育质疑，表示赞赏。檀传宝说："这是需要勇气的。"

发布会结束时，我收到学生陈焱的微信，她说她在北京的妹妹陈燚也来发布会现场了。

我便手持话筒向全场发问："请问陈燚在吗？"

一个中年女士说："我在。"

说着，她从后面走到前面来。我很激动地和她握手，对大家说："陈燚的到来，为今天的发布会增加了一个有意思的小插曲。

我上次见她,是 33 年前。那是 1987 年夏天,我带着我班的一群学生去云南、重庆、贵州旅游,陈焱同学把她的妹妹带上了,当时她还是一个五年级的小丫头。从那以后,我再也没见着她,今天在这里突然重逢,太让我开心了!"

陈燚说:"小学五年级那次旅游,是我第一次走那么远。我通过姐姐认识了李老师,还和李老师一起走那么远去玩儿,我印象非常深刻。尤其让我感动的是,两年前的一天,李老师在微信上发给我那年和他旅游回来后我写的游记,我非常惊讶,也非常感动!30 多年了,李老师还保存着我小时候的作文!李老师虽然一天都没有教过我,但在我的心中,他就是我最尊敬的老师。"

大家被这意外的一幕感动了,纷纷鼓掌。

荣建捧着鲜花一直在旁边站着,等陈燚说完了,他把鲜花送给我,说:"吴镝因为临时有事来不了了,特意托人送来一束鲜花,向您表示祝贺!"

我再次被感动。我向大家解释说:"吴镝,是我这套书中的主人公之一,当年品学兼优,现在是一名飞行员,是'中国机长'。本来这次他说好要来参加发布会的,但因为临时有任务来不了了,特意托人送我这束鲜花。"

掌声又响起了。

教育科学出版社的何艺老师也给我献上一束鲜花。我再次向各位嘉宾表达谢意和敬意,然后对大家说:"对不起,我得赶往机场了,时间已经很紧迫了。"

一些读者想和我合影并请我在书上签名,我抱歉地说:"六点半的飞机，现在都四点过了，路上很堵，请理解，我不得不走了。"

这时有一个年轻人说："李老师，您给我签个名吧！我是您'镇西茶馆'的校对志愿者闫亚军啊！"

我一听"闫亚军"这三个字，一下就想起"镇西茶馆"里那个几乎每天都留言的朋友，而且他还经常为我的文章做校对。于是，我为他签了名。遗憾的是，因为时间已经非常紧迫，我未能与他合影，便匆匆上了荣建送我去机场的车。

在车上，我想，给我帮助的不仅仅是那些专家、学者、教授、师长，还有像闫亚军这样的普通读者和一线老师啊！

到机场时，天空布满彩霞。我感到整个世界正对着我笑。

2020 年 9 月 22 日晚从北京回成都的航班上

"亦师亦生亦友，
感动感恩感佩"

《教育的100种可能》出版后，书中的主人公们就急着要我签名。

于是，我们约定9月28日晚上，在戢实的生如夏花泰式火锅店聚会。我特别说明："这次我用稿费请大家吃饭，谁也不许和我抢着买单！"

下午，我特意去理发，理发还没结束，戢实已经开着车在理发店外等我了。

晚上，我们来到火锅店，吴文静、尹萍、王燕青、崔涛、吴镝、刘春华、张劲松、赵刚已经到了，连同我和戢实，刚好十个人。

其实，我算了一下，书中能来的主人公主要是在成都的学生，应该有15位，由于种种原因，安超、王露霖、李俊、张凌、胡夏融、邹冰无法前来。

吴文静特意买了一束鲜花送给我，还附有一张卡片，上面写着："让别人因我们的存在而感到幸福！"她跟我解释说："我特意把'我'改成了'我们'。"

这是第一次跨年级、跨年代的学生聚会。有60后、70后和80后；有大学教师，有公交司机，有飞行员，有空姐，有银行职员，有企业员工，有个体创业者……但今晚，他们只有一个共同的身份——"李老师的学生"。

每一个学生都带着《教育的100种可能》来请我签名，除了签他们的名字，我还分别在上册和下册写了一句话："亦师亦生亦友，感动感恩感佩！""永远的朋友！"

我特别解释道："'亦师亦生亦友，感动感恩感佩'是我和你们双方的，我们彼此为师为生为友，也互相感动感恩感佩。"

虽然在此之前，除了同班的崔涛、尹萍和吴镝、王燕青、戢实，其余的同学彼此并不认识，但因为都是《教育的100种可能》中的主人公，他们很快一见如故。

我们一边吃一边聊。他们互相自我介绍，又翻开书看有关的章节，以加深彼此的印象。然后各自谈自己领域的有关话题：经济学教授张劲松谈金融，飞行员吴镝一边比划一边给大家解释飞机是如何在空中转弯的，崔涛给大家介绍他任副校长的先锋学校是如何进行教育创新的……

我说："你们个个都让我自卑啊，因为你们都是相关领域的专家。但是，作为一个老师，让自己自卑的学生越多，我就越成功！"

刘春华似乎是为了安慰我，说："李老师好多粉丝哦！"我跟他开玩笑说："你的粉丝也不少啊，都集中在美洲花园一带。"大家都笑了，因为刘春华每天开的公交车都在那附近转。我又说："乘客们那么喜欢你，你也是我优秀的学生！"

张劲松有一句话得到大家的认可,也让我很感动:"因为我们是李老师的学生,李老师把我们写进了书里,等于李老师为我们买了一份人格保单,他也为我们的人格担保,我们是可以让别人放心的。"

他还解释说:"李老师把我们写进了他的书中,由于他是著名教育家,便用他的声誉和对我们几十年的了解为我们的人品作了无形的担保,即使我们之间今天才认识,但我们彼此都知道对方是有底线、有原则的人,所以我们之间打交道会非常放心,也会让别人放心!"

我倒不是什么"著名教育家",但这些学生的人品,我的确可以担保。

昨天并非我的生日,但吴镝买来一个生日蛋糕,并插上点燃的蜡烛。

于是,大家唱着《生日快乐》向我表示祝福。唱完了,大家还对着镜头喊:"祝李老师生日快乐!"

那一瞬间,我真的很感动。

快乐的时间总是过得很快,已经不早了。我们不得不分别。我们约定,11月1日(周末)在成都搞《教育的100种可能》签售活动时再见。我说:"另外,11月最后一个周末,我还要给大家搞一个家庭教育讲座呢。教你们怎么当爸爸妈妈。"

走出店外,外面还坐着排队的食客。我对戢实说:"你的生意真是不错。目前成都有多少分店了?"他说:"六个。"

王燕青开车送我回家,路上我们继续聊着,都感觉几十年彼此的交往特别温暖。

今天一大早，赵刚发来微信："昨晚睡前把书中其他八个同学的故事，还有您写的序和跋又细看了一遍，对照着看到的生动的人，听大家摆的龙门阵，不禁有些唏嘘。每个人的经历都不一样，但身上都有您看重的东西：正直、善良……张劲松、吴文静、崔涛都和您一样，不仅教书，更在育人。不禁想到，不在书里的您教过的学生，也都过着不同的生活，人的一生到底是因教育而改变还是命运的安排，真是非常奇妙。相信您这本书会有很强的生命力。"

他又补充了一句："不过感觉昨晚少了个嗨歌的环节，第一首应该唱《我们不一样》，最后是《相亲相爱一家人》。因为您把大家联系在一起。"

我回复道："你说得对，下次时间充裕，我们去嗨歌！"

2020 年 9 月 29 日

教育最浪漫的事，就是看着你慢慢长大……

当我赶到《教育的100种可能》签售会场时，看到的是黑压压的读者——真正的"座无虚席"，有的只好站在后面。

记得9月22日在北京的《教育的100种可能》新书发布会上，漓江出版社请了许多领导和专家作为嘉宾。这次出版社也提出请一些领导和专家。我说："换个口味吧。这次一个领导和专家都不请，所有嘉宾都由我的学生即书中的主人公担任。"

于是，在今天的活动中，连主持人都由我的学生崔涛担任，他也是书中的一个主人公。

出版社把写好的主持词给他，他准备按上面的内容介绍我时，我对他说："不用念我的头衔了，直接让嘉宾发表感言吧。我的书就是对我最好的介绍，一会儿我的发言也是最好的自我介绍。"

免了许多行政化程序，也少了许多客套。崔涛直接请嘉宾发表感言。

我说："你也是嘉宾啊，那你就先说吧！"

崔涛现在是成都先锋学校（正式名称是"成都先锋学习社区"）的副校长。崔涛说道——

我是李镇西的学生，现在我也做教育。今天上午，我和李老师聊微信，发了几张照片给他看，那是我和我的学生在玩儿的照片。我同时又发去了当年李老师带我们玩儿的照片。我对李老师说："以前是你带我们耍，现在是我带学生耍，都在望江楼公园。"

大家如果手里有书的话，翻开里面的照片，会看到照片上李老师带着我们在望江楼公园玩老鹰捉小鸡，玩捉迷藏。这是1998年秋天的时候，当时我们好开心！而上周末，我刚好也带了好几个学生去望江楼公园，也很开心啊！所以我说，20多年前是李老师带我们去玩儿，现在是我带学生去玩儿。

我在读《教育的100种可能》时，发现除了我，李老师还有好多学生都是当老师的。而且李老师的学生当老师都有许多共同点。比如，书中写到丽江的汪敏，引用了汪敏的学生毕业多年后对她的评价，说汪老师"是高中那个几乎人人以上大学为终极目标里的'另类'老师"，说"她还在我高三时关注我们的休息多过于我们的成绩""她的晚自习给我们办各种各样的活动"……读到这些，我就想起来，这跟李老师当年带我们时非常相似，因为他当时虽然也关心我们的成绩，但更关心我们的全面发展，也搞许多活动，比如，带我们去校外玩儿，在语文课上给我们读小说，如《悲惨世界》《平凡的世界》等。我后来做教育也是这样，和学生一起读书，一起玩耍。其实很多东西都是非常相似的，包括我和学生摔跤也是相似的，当年李老师在和我们一起玩儿的时候，就喜欢和我们摔跤。

感　动

书中还写到文静姐,就是今天到场的吴文静,她现在在大学教书。书中引用了文静姐自己写的一段话,她说,李老师对她最大的影响,就是"人"与"爱",即教育要有人性,要讲爱心。她说,她也努力在自己的教育生涯中实现"人"与"爱"的传承。所谓"人",就是把学生当作是一个鲜活的生命,每一个人都有自己卓越的一面,有各自独一无二的特点等。所谓"爱",就不用我解释了。我们是李老师的学生,一定会把教育的"人"与"爱"继续传承下去的。

崔涛讲完了,胡小鸥接过话筒,他先作自我介绍——

大家好,我现在是一名音乐制作人,从事作曲。对我,你们可能不认识,但你们一定知道我的作品:《平凡的世界》《一出好戏》《遇见王沥川》《唐人街探案1》《唐人街探案2》等,包括最近上映的电影《我和我的家乡》……

他还没说完,下面一片惊呼,随即是热烈的掌声。
胡小鸥继续说——

我想说的是,我从事这个职业和李老师有没有关系呢?说和李老师有关系,其实是没有的;但是李老师对我影响是很大的,可以说非常大。我读初中时并没有在李老师班上,但我的不少好朋友是他班上的学生,我就经常听他们给我讲一些李老师上课的趣事,还有班上搞活动的事。我发现这个老师不一般，他不仅教你一些书本上的东西，还会教你一些做人的道理，而且他不是用说教的方式，而是用一种生动活泼的方式。李老师还爱带学生去校外活动，比如徒步郊游，玩儿的过程中发生很多趣事……这些事情我的好朋友都会一一告诉我。

到了高中，我成了李老师的学生，他教我们语文，并不是我班班主任，但对我很关心。我的作文写得特别好，有一次他把我叫到办公室，说："你的作文写得不错哦！"我就告诉他，我父亲是文学工作者，是一个杂志编辑，他问我其他学科怎么样，我说除了语文和英语好一点，别的学科，像数理化，我真的是没有办法学好。当时我在班上的成绩是中下水平。

我印象最深的是当时李老师对我说的一句话："你语文好，你就多学语文呀！"大家想想，以前我们的老师会怎么教我们？如果你语文好数学不好，那就多花些时间学数学吧！而李老师的意思却是，你有什么长处就尽量发挥这个长处。而我最喜欢的是音乐。高中的时候，我特别喜欢音乐，最后成了我的职业。我考上音乐学院，后来留校任教，担任作曲系教师，然后又考到了美国，读完了博士，2010年毕业后回到北京创业，实现了职业作曲家和音乐制作人的梦想。

所以，教育的确有100种可能。我期待李老师教育的学生还有一千种可能、一万种可能！

接着，王燕青站起来发表感言——

大家好，我叫王燕青，就是《教育的100种可能》下册里面那位曾经的国航乘务员，现在在一所高校兼职做老师。

说到这本书，我其实非常激动。李老师是3月份的时候通知我说要写这本书，并且把我作为其中的一个主人公。我当时非常惊喜和激动，因为我觉得自己的一生其实很平凡，就是普普通通的劳动者之一，能够入选成为这本书中的一个主人公，我兴奋了好几天，然后使出了自己的洪荒之力，写了一些素材给老师。没想到这本书这么快就出版了。我真的非常高兴和激动！

说到李老师对我的教育和影响，那确实是很大。我是在初中一年级的时候进入李老师班的，他是我们的班主任。我们那个班的构成比较特殊，学校和老师搞了一个实验，就是集中了全年级成绩最差的27位同学，另外的30多位同学是抓阄抓进去的。我就是抓阄进去的其中一个。我在初二的时候担任了一年的班长。我对这个班同学的感情非常深，超越了小学六年的同学，更超越了高中三年的同学。虽然我们班的后进生比较多，但是因为有李老师，我们都为自己是这个班的学生而自豪。

李老师对我们的爱，是发自内心的。他对我们更多的是一些潜移默化的指引，而不是一味地批评。我们班的后进生从李老师那里受到特别严厉的批评也都很少，什么人格辱骂、伤害自尊心，那是不可能有的事情。所以我们班在李老师的带领下是非常有凝聚力的。

我当班长期间，李老师对我管理班级的放手量也很大，对我充分信任，各方面对我都产生了非常大的影响，包括自信心的建立，以及人格的形成。我觉得初中那三年对我至关重要。

李老师在我少年的心里种下了几颗非常好的种子，它们是"诚实""善良""勤奋""自信"。这八个字，在这30多年中，我都在努力实践，这是我认为做人应该达到的基本要求。

我做的是空乘工作，要把这份工作做好，最重要的就是有一颗善良的心。我干了这么多年，越到后面，越感到自己就是这个飞机的主人，上来的所有旅客都是到我家里来的客人。客人来了我该怎么做呢？端茶、送水、问候、帮助、关心等，都是很自然的事情。我没有其他过多的想法，我觉得只有保持善良才能做好工作。

生了两个孩子后，我觉得自己不太能胜任空乘工作了，所以选择了辞职，去了高校做兼职教师。因为课时相对较少，所以有大把的时间让我可以亲自带两个孩子。

我想分享的第二点就是，我觉得女人在人生当中应该分为几个阶段。我拥有了曾经比较愉快、比较光鲜亮丽的飞行时光，那14年当中，我真心地付出了，我觉得我对得起国航，对得起每一位旅客，也对得起我自己领的这份薪水，我感到很满足。现在当了高校的老师，我对我的学生，也像李老师对我们一样，是发自内心地爱，没有过多的说教，就是跟他们像朋友一样相处。所以在教师的这个职业生涯中，我也感到很快乐，因此我写了那篇文章《空中地上都很幸福》。在家庭生活当中，我也能照顾好我的爱人，能够陪伴我的两个孩子成长，分享每一次小小的进步和喜怒哀乐，我依然很享受这份快乐。

所以，我祝愿在场的各位朋友都能够享受当下，珍惜眼前的每一分每一秒，珍惜身边每一个爱你的人。

戢实站起来的时候，似乎精神状态不太好，说话也有些吃力。他一开始就解释说——

李老师写我，说我跟命运搏斗，也许我的确一直在和命运搏斗。两周前我出了车祸，现在我还带着剖腹后的伤口。我不知道我这一生要跟命运搏斗多少次！我现在其实心跳得很快，一是因为激动，二是我确实稍微动一动就会很累……

我赶紧对戢实说："你坐下，坐下说，慢慢说。"
他坐下后继续说——

李老师对我最大的影响，我觉得有两点。第一，他特别爱给学生贴一些好的标签。平时我们说到"贴标签"，都带有贬义，比如"你别去给别人贴什么标签"，而那些标签就是性格不好呀，懒惰呀，等等。但我在工作中却爱给员工贴一些好的标签。因为李老师给我贴过一个最好的标签，也在书中提到了。他说我这个人很"正直"，也正因为这个标签，我当上了班长。

这对我人生影响很大的，因为在小学我也很努力，花了很大的力气，可是连个生活委员都没当上。所以我的经历告诉我，要当上班干部，要么家里有背景，要么跟老师搞好关系，要么成绩特别拔尖，这样才会被老师"重视"。而现在，因为"正直"，我当上了班长。所以这件事情对我的影响很大，让我觉得其实你坚持去做一个好人，还是会有好的回报的。

所以我现在经常对我老婆说，对孩子，不能老说他的不好，一定要及时赞美他，及时给他一个正面的反馈。

李老师对我的第二大影响，就是那句很著名的话："让人们因我的存在而感到幸福。"这句话似乎说得很大，其实放在生活当中，可以通过许多小事和细节表现出来。教育，当然要学知识，毕竟之后还要考大学。但是教育不仅仅是学知识，它关乎到一个孩子成长的方方面面，包括他的心智、自信心，还包括爱心等，我觉得这是最重要的。我现在就希望我的员工，每一天都能够把真诚的微笑、真诚的爱传递给每一个客人。

李老师给我贴了一个很好的标签，又教育我们要善良，这是对我最大的影响。可能我这辈子都不会去做教育工作，但李老师传递给我的这两点，我一定会用在我的孩子的教育上。非常谢谢你，李老师！

我说："戡实的人生，本身就是一本励志教材！他曾经在死亡的边缘挣扎，可以说是起死回生，正是因为对生命刻骨铭心的体验，他后来给他的火锅店取名叫'生如夏花'。没想到两周前，他再次遭遇生命的打击。我们祝福他，愿他的生命真如他的火锅店名'生如夏花'！"

大家把热烈的掌声献给了戡实。

接着是飞行员吴镝，他说——

我很感激李老师。因为李老师的记录，所以我有幸跟大家一起，在25年之后，回忆起1995年的那个早晨，那个我迟到的早晨，如同发生在昨天一样。

从1995年李老师教我们开始，李老师就带给我们很多不一样的感受，最大的感受是李老师对教育的爱，所以说我非常感激李老师，这是其一。其二，我觉得李老师也培养了我们，因为他的培养，我们更能够深刻地认识到自己的优势所在。每一个人都是不同的个体，每一个人都有自己的强项，也有自己的不足，那如何发挥自己的强项，如何让自己的不足不成为拖自己后腿的东西，我认为李老师给了我们很大的启示。我们航空业有一句话："敬畏生命，敬畏职责，敬畏规章。"我认为李老师对他的这个职业做到了敬畏，所以对教师职业他做到了极致，这是给我的启示。

也许我是李老师教过的学生中非常普通的一位，但我感觉自己很幸运，因为李老师的教育理念、教育观点，让我们在1995年的时候接触到了素质教育。大家可以想象，那个时候有谁在说素质教育啊？但是李老师他不只说素质教育，他还在做素质教育。他那时经常带着两个班的孩子去徒步、去春游，给我们讲故事，读小说……李老师当然也要应试，但不仅仅是应试，而是着眼于我们每一个学生如何成为一个更好的人，如何成为一个更完整的自己，这是李老师对我人生最大的影响。无论在什么时候，我都希望自己成为一个完整的人；包括孩子，我也希望他首先是一个完整的人，是一个有健全人格的人，这是最重要的。

掌声再次响起。在几位学生发言的时候，现场的每一个人都听得特别专注，自发的掌声多次响起。

吴文静因为身体不好，嗓子哑了，虽在现场，却不便发言。

听了几位学生的发言，我有感而发，对大家说——

我刚才在想，从出版社的角度讲，今天的签售会毫无疑问是个促销活动，但对我来说，即使今天不搞这个促销，或者说今天的签售活动一本书都没有卖出去，我们这个活动依然是有意义的。我宁愿把今天的活动看成是一群关注教育的人、关注孩子的人，相聚于此研讨教育。

听了刚才几个学生的发言，我也想说几点。

第一，刚才几位学生，包括我所有的学生，他们每一个人在自己专业领域的发展和取得的成就，都和我没多大关系。这不是我谦虚，真的是这样的。比如，我没教胡小鸥作曲，我不懂啊；我也没教吴镝开飞机，我不会啊；我更没教戢实开火锅店，我真不懂火锅。这涉及对教育的理解。所谓"教育"，当然要传授知识、培养技能，但主要不是给人以知识和技能，而是给他一种人生的导向，给他一种正确的价值观。

当然，学生们美好的品德也不能说都是我给的，他们的人品首先是家庭教育的结果。但是作为学校和老师，我们对孩子也不是没有影响。对我而言，尽量不要妨碍他们的个性发展，尽量给他们一些自由，让他们的心灵舒展一些，那么他们真的可以成长得更好。

第二，我觉得我的学生对我特别宽容。我是发自内心这样说的。我在书中有一句话，我说我的教育"伤痕累累"，我犯过很多错误，但他们都宽容我，原谅我，若干年后他们记住的全是李老师对他们如何好，而把我对他们的不好全忘记了。

这点是多么值得我们大人学习啊！无论是老师还是家长，大人的胸襟远不及孩子。你看，如果一个老师被学生气着了，他在办公室里气愤地对同事诉说，数落那个学生如何如何，但一出办公室，那个学生碰见老师，照样笑眯眯地叫"老师好"，好像什么事都没发生一样。这点，我们大人是做不到的。如果校长冤枉了老师，可能这个老师会恨他一辈子。而我们的学生很少记恨老师。在这一点上，我们真的应该向孩子学习！

第三，现在我的每一个学生都让我自卑，是的，"每一个"。比如，我与张凌聊足球，他说的我听不懂。我看足球比赛只关心哪个队进了几个球，可张凌在我面前说起足球战术头头是道，我根本听不懂。还有，去年宋怡然回国，我们一起吃饭，她现在是美国一名摇滚歌手。她给我讲"硬摇""软摇"的时候，我说："算了，你越说我越迷糊。"我和胡小鸥聊音乐，我只关心他最近又做了哪部电影或电视剧的音乐，但稍微聊深一些，我又不懂了。他在美国和加拿大都有自己的室内交响乐，我对他说："胡小鸥啊，你这些音乐我都听不懂，所以我很崇拜你。"吴文静现在在四川大学教英语，而我的英语很差，当年考博就是因为英语差，第一年没考上。所以我是不敢在吴文静面前说英语的，自卑啊！

但是，我想说的是，正因为我在每个学生面前都很自卑，所以我才很成功。一个老师的成功，就在于他在每一个学生面前很自卑，因为他的每个学生都超过了他。陶行知说，先生之最大的快乐，是创造出值得自己崇拜的学生！

全场鼓掌。

然后我通过PPT，给大家分享了"好父母的15条标准"。

讲之前，我打出了吴文静和崔涛中学时代的照片，也展示了几十年来他们渐渐长大的照片。大家被感动了。我说："有一首歌唱道：'我能想到最浪漫的事，就是……'"有人接上来说："和你一起慢慢变老。"我说："对教育而言，最浪漫的事，就是看着你慢慢长大。"

最后我回答了几位读者的提问。

一位女士问我："如何让我们教育者保持童心？"

我说："具体的方法没有，有的只是一种心态，即随时想想自己当孩子的时候。一个优秀的家长或教师，一刻也不要忘了自己曾经也是个孩子！有的事，站在成人的角度似乎微不足道，但在孩子看来却比天大。比如，校园师生相逢，学生问候老师，也许这个老师正在想问题，没有回应孩子。这在大人看来没什么，我很忙嘛！但孩子却感到被冷落，因此心灵受到伤害。再比如，我们给学生讲题，讲了三四遍他还是不懂。站在成人的角度看，这么简单的问题，你怎么都不懂！可他是孩子，没有认知基础，人生阅历也有限。你认为简单是因为你是成人。我曾经说，那些动辄说孩子'连这么简单的问题都不懂，真笨'的大人，去考考驾照，体验一下儿童当'差生'的心境！所以，保持童心，就是要随时想想我们当孩子的时候。"

一位母亲问："李老师，我们也知道孩子做人更重要，但现在学校却只管孩子的成绩，每天回家后都是作业、作业、作业……我们做家长的该怎么办？"

我说："您问了一个很大的问题，也是一个很普遍的问题，这问题已经不仅仅是教育问题了，更是社会问题。我无法三言两句说清楚，但我可以简单谈谈我的想法。总的想法是，家长不要成为应试教育的'帮凶'，不要和学校一起来压迫孩子。成绩当然重要，而且非常重要，因为知识和能力关系着孩子未来的生存，但是不能以孩子牺牲健康和精神扭曲为代价。这点家长一定要想透。我曾经写过一篇文章谈选择学校的标准之一，就是孩子从家里步行上学不超过 30 分钟。我的意思是，宁可把孩子每天花在上学路上的时间用于让孩子多睡几十分钟。每一个孩子从出生的那一刻，做父母的一定会在心里暗暗发誓：我一定要尽所有努力让我的孩子一生幸福！但随着孩子年级升高，父母忘记了初心，眼里只剩下孩子的分数！请问这些父母，如果你的孩子睡眠不足、视力下降、体质羸弱、精神崩溃，就算考上了名牌大学甚至夺得所谓'状元',你觉得有意义吗?你是要一个健康而幸福的孩子,还是要一个多病且痛苦的'状元'?我当然不是说身体健康与考大学必然对立,但二者的确并非时时都是统一的。当二者不一致的时候,你要什么?何况,每一个人的个性、天赋、志趣是不一样的,为什么要把所有的孩子都往一条路上逼呢?我以前教过一个学生,其实就是戬实他们这个班上的一个孩子,成绩出奇的差,上课从来坐不住,要么睡觉,要么捣蛋,因为他根本听不懂。后来我知道他喜欢读武打小说,便让他抄长篇小说《烈火金刚》,只要听不懂课就抄。于是,他上课再也不睡觉不捣蛋了,因为他有喜欢的事做了。但科任老师问我:'你让他抄小说,他能考上高中吗?我们可是有升学指标的啊!'我问:'难道他不抄小说,就能考上高中吗?'他们都说考不上。我说:'那还不如抄小说呢。至少他觉得在学校不痛苦,相反还很有乐趣。'在这里,作为同样必须接受学校考核的班主任,同样戴着'应试镣铐'的老师,我觉得自己已经超越了中考,我关心的是这一个孩子当下的幸福!这是教育的人性所在,也是我们的良知所在。作为老师,我尽量告诫自己不要成为应试教育的'帮凶',尽可能给孩子减轻一些痛苦;作为家长,我想也应该这样。现在孩子够可怜的了!不是说成绩不重要,但教育说到底,还是培养人格健全的人,而知识的学习是人格形成的途径,我们更不能以孩子的身体为代价去获得知识。另外,还有一点很重要,要清晰地看到孩子的兴趣特点和智力优势在哪里,不要一刀切地把孩子往一条窄窄的路上赶。总之,我希望家长能够不那么焦虑,不那么被舆论胁迫,而应该从容一些,眼光放长远一些。"

一位读者问:"现在许多家长和学校老师不配合,总是找茬,总是觉得老师不好,如何解决这个矛盾?另外,我们当老师也想为孩子好,讲爱心,多理解,可是来自教育制度的压力,让我们不敢做我们认为理想的教育,怎么办?"

我回答说:"第一个问题的确不好办,需要多沟通多理解。家长们要明白,不管你是哪个行业的专家,在教育这一点上,老师才是专家,要尊敬老师。另外,老师要通过人格与专业赢得家长的心。人品端正,善良正直,让每一个家长信任你;学识渊博,技能精湛,让每一个家长佩服你!"

我继续说:"第二个问题,我只想说,守住你的'一厘米'。去年我去了柏林墙遗址。当年许多东德的人想越墙而过投奔西德却被边防军射杀。两德统一后,法庭审判射杀越墙者的士兵,士兵觉得自己是无辜的,因为军人以服从命令为天职,不开枪是有罪的。法官认为,士兵执行命令无不妥,但有将枪口抬高一厘米的责任和义务。我想到了我们教育。我们都在抱怨体制,抱怨领导,总觉得自己是无辜的,而且无能为力。我们对孩子说,你别怪我太狠,我也没办法,我给你爱心,可谁给我爱心呢?老师怪校长给自己升学压力,可校长也很委屈,他怪局长给他压力。而局长也觉得自己无辜,因为是区长、市长给他压力,但区长、市长呢,觉得自己压力更大,如果哪一年本市本区高考滑坡,他们就成了千古罪人,会被唾沫淹死!他们把责任推给社会,那社会是谁呢?不就是一个个家长吗?是呀,学校要减负,他们却让孩子上补习班,我们周末不补课,家长们却有意见,看来家长是罪魁祸首了?不,家长更觉冤枉——怪我吗?学校不考,我会这样吗？还不是学校给逼的！你们看，人人都觉得自己无罪，人人都在抱怨，只有一种人不会抱怨，只会默默忍受，谁呢？"

下面的人异口同声："孩子。"

"是呀！我们的孩子最可怜。作为家长，作为教师，我们的确能力有限，但我们难道真的被应试教育逼到了墙角吗？难道我们真的连'抬高一厘米'的空间都没有了吗？不是的。我们没办法改变高考，没办法改变教材，但我们可不可以把教学过程变得生动一些？能不能通过我们的智慧让孩子的作业少一些，晚上早点睡？这是能做到的。作为家长，能不能和教师一起来压孩子，成为应试教育的'帮凶'？这当然需要智慧，但更需要良知！"

大家鼓掌，对我的观点表示认同。

一位老人问："孩子在家做作业，总爱戴上耳机听音乐，这样好不好呀？家长该怎么办呢？"

我回头对崔涛说："这个问题让崔涛回答吧。他们学校有很多这样的孩子，他是这方面的专家呢！"

崔涛回答道："喜欢音乐没问题呀！学习本身应该是快乐的，听音乐放松一些没什么不可以。学校本身的定义在古希腊文里实际上是闲暇的意思。我从来都是那种在玩中学习的，从小我妈妈传递给我最重要的一个信息，就是她相信学习是一件很轻松的事情。所以家长不要在这个方面去给孩子打鸡血，让孩子紧张。当然，具体到做作业听音乐这件事，我觉得应该把选择和决定的权利还给孩子，让他自己搞定，而不是家长什么都代替孩子决定。"

我补充说："至少我认为，一边做作业一边听音乐，不至于影响学习成绩。我写文章大多数是一边听世界名曲一边写的，很好呀！"

全场的人都笑了起来。

一位小伙子站了起来，说："老师你好，我其实没有什么问题，就是想跟你分享交流两句。我是一个设计师，并兼职做摇滚乐手。我来这个签售会之前，是不太感兴趣的，因为我的母亲是一名老师，我这次来的目的就是要个签名、合张影。但是当我坐到这儿的时候，看到老师的新书《教育的100种可能》，我就想，原来这次讲座并不是说如何把孩子培养成一个更精密的考试机器。于是我就在这好好听了。听完几位嘉宾的分享，看了老师分享的一些照片之后，我更加感动。我以前其实是一个比较叛逆的孩子，叛逆到什么程度呢？就是高考的时候，我考语文写作文时都批判了一下应试教育。这导致我只考上一所普通的本科学校。现在看来确实挺傻的，但是我也没有什么后悔的。比较幸运的是，我大学的时候遇到了真正的好老师。大学我学的是新闻学专业，但他支持我去游玩、游泳，支持我去学习艺术，到现在我可以用自己的爱好养活自己。虽然说没有什么大的成就吧，但是在成都买房买车，是没什么问题的。我的父母也由过去非要我回去考公务员的状态，变成了现在理解我，要我好好努力工作，做一个正直的人。就是这些，谢谢老师！"

全场再次爆发出掌声。

我也很感动："这位小伙子说的这段话，为我书中增加了第37个人，就是他。他不也很普通吗？父母要他这样要他那样，他可能没达到父母的要求，但他不一样有出息吗？父母觉得他只能有一种可能，但他以自己的行动证明，自己完全可以有另一种可能。我们每一位家长应该从这位小伙子的讲述中受到一些启发。我觉得他这个讲述比我的书还有说服力啊！"

最后，大家排着队，我一一为读者签名、合影。几位从兰州来的老师拿着书让我签名，我不停地感谢她们。还有一些我很久不见的学生也让我签名，我感到特别亲切。

最后一位发言的小伙子让我签名时，我问他是哪里人，他说："我来自内蒙古呼伦贝尔。"我说："我去过的。"他又说："我是莫尔道嘎人。"我一下激动起来："莫尔道嘎啊？我去过两次，留下过让我感动的故事。莫尔道嘎人非常善良！"我想给他讲这个温馨的故事，遗憾的是，签名的人太多，时间不允许。

今天的活动，让我非常感动。因为这与其说是签售活动，不如说是教育沙龙。通过《教育的100种可能》，我又结识了一批关心教育的人。

       2020年11月1日晚，根据现场录音整理

早晨的奇遇和一天的感动

今天,我在赣州讲课。

上午,面对900多位老师,我上台的第一句话是:"现在,下面有两位老师可能正在心里骂我,这个人是个骗子!"

老师们一愣。于是,我给大家讲了半个小时前的一个小插曲——

吃早餐时,人很多,很不好找座位。我端着餐盘终于找到一个位置坐下。这时,两个女老师也在找位置,看到我旁边空着的位置却有些迟疑,因为桌上放着碗盘,她俩不清楚这里有人还是没有人。我赶紧将那碗盘放到了转盘上,说:"没人,没人,坐吧!"她们挤着坐下了。

不一会儿,我看到挨着我坐的小姑娘拿出手机,看看手机屏幕又看看我,好像在比对什么,当看到我也在看她时,她又不好意思地想掩饰。过了一会儿,她见我好像没注意她了,便拿出手机给旁边的同伴看,还附在她耳边说悄悄话,又偷偷指了指我。两个人神神秘秘的样子,太可爱了!

我乐了,问:"你们在干什么呀?那么神秘的样子。"

小姑娘终于鼓起勇气,把她的手机伸过来,让我看上面的照片，问："你是……是李老师吗？"

我看她的手机上，正展示出我和学生的照片。

我一本正经地说："我不是李镇西，但长得很像他。你看我的样子是不是像李镇西老师啊？"

她使劲点头，旁边另一位小姑娘说："嗯，长得像，很像。"

我说："但我比他长得更帅一些，而且更年轻一些。"

她俩点点头。

我说："我也是来听课的，我就想看看，这个李镇西是不是长得像我。一会儿，你们如果要去找李老师合影，你们就告诉他，今天早晨吃饭时，遇到一个人长得太像你了！"

她俩继续吃饭，没说什么了。

因为要忙着去会场作准备，我赶快吃完，临走时对她俩说："我现在走了，你们慢慢吃。"

我讲到这里，说："估计这两位女老师看到此刻的我，会在心里说，这李老师早晨把我们骗了。"全场大笑。

我问："那位小姑娘在哪里呀？"

后面有一个年轻女老师举起了手。

我说："嗯，我们太有缘分了！一会儿我送你一本书啊！但是我只有一本书，另外一位老师嘛，如果你愿意，我一会儿求你和我拍张合影，好吗？"

全场老师再次大笑。

我对老师们说："不是故意说你们的好话，真的，赣州我以前就来过，包括下面的于都、瑞金等地我都去过，印象很深。赣州的老师特别好！"

我在讲课时，提了许多问题让大家思考：什么是好的教育？什么是素质教育？什么是应试教育？什么是教育的儿童视角？……老师们热情参与。在其他地方上课，为了激发老师们的参与热情，我会准备一些小礼品奖励发言的老师，但今天我没带礼品，老师们却积极思考，踊跃发言，真的很让我感动！

我这样评价老师们："赣州老师听课的热情、思考的精神和发言的勇气，在我讲过课的地方，绝对排前五名！"

整个听课过程，伴随着老师们热烈的掌声和欢快的笑声，有时还有老师们不住地擦眼泪。

这氛围感染着我，也鼓励着我，我自己感觉思维更加活跃，语言也更加流畅，更多的故事涌出来，许多脱口而出的句子现在想起来也觉得不错——

我们爱的是眼前的人，而不是他的表现，也不是他的成绩，更不是他未来的地位。

老师们以后也许不能像我一样到处演讲，出版著作，每天也不过是守着一群孩子过日子，但只要用心，一样可以把一堆琐碎的日子编织成童话，导演成大片，缔造成传奇！

我们每一天的工作状态，就是我们的生命质量。

只要给我一个班，任何人都无法阻挡我创造并享受教育的精彩！

站在课堂上，面对的每一双眼睛都是璀璨的星星，这就是属于教师的星辰大海。

我和学生都不再年轻，但通过温馨的记忆，我们一起回到青春时代。

每一个人的内心深处本来就潜藏着一个卓越的自己,这个"卓越的自己"暂时沉睡着,我们要用米开朗基罗的智慧和双手把自己雕琢成"大卫"。

……

当然,我也谈到教师的待遇应该提高,毕竟老师也要生活,理应有高质量的物质生活。我提到成都地区老师近年待遇的逐步提高,特别是武侯区今年教师的一次性绩效有四万六千多,全场老师"哇!",然后掌声热烈。

我乐了:"成都老师涨绩效工资,你们鼓什么掌呢?"

他们说:"我们希望我们也能提高待遇!表达期待。"

我说:"好,我把这个细节写进我的公众号,让赣州的领导看看老师们的期待是多么迫切!"

演讲结束后,老师们排着队和我合影。最后当我离开会场时,早晨认识的两个小姑娘走到我面前说:"我们想送你两个橙子!"

说着她们拿出两个橙子,我仔细一看,哟,橙子上还画着娃娃脸呢!

我说:"谢谢你们啊!"

她俩说:"我们没画好。"

我又说:"我想把今天早晨我们有趣的相识写在公众号上,可以吗?"

她俩表示同意。我得知她俩都是赣州市南康区第六小学的老师，一位叫林金霞，一位叫曾仁凤。

她俩问我："今天你就回成都了吗？"

我说："不，今天不走。"

她俩天真地说："那我们明天还能见面？"

我说："我明天一早就走了。不过我以后还会来赣州的。"

我的学生何东红走过来，她是我高93届的学生，现在在赣州工作。她今天也在下面听我讲故事，晚上要请我吃饭。

何东红献给我一束花。当我接过鲜花时，我感到这是今天最美的句号。

2020年12月5日

一封信，多年后居然开成了一朵花儿

2020年11月16日晚，我应邀去盐外芙蓉学校给老师们作报告。

正式开始前，有老师拿书来请我签名。渐渐地，签名的老师越来越多，排成长队。

我头也不抬，只顾一本一本地签，嘴里不停地说"不用谢"以回复着老师们的"谢谢李老师"。

有一本书递到了我的眼前，这位老师问我："李老师，还记得我吗？"

我抬头看，是一位年轻的女教师。我茫然而坦率地承认："抱歉，记不得了。"

她说："我是您的学生啊！是武侯实验中学毕业的学生。"

哦，是我在武侯实验中学当校长时的学生，虽然没有教过她，但也算是我的学生。难怪我不认识。这么说着，我签完了名，把书给她。

她又说："您还给我写过信呢！"

啊？我问她："你叫什么名字？"

"詹雪。"

我一下激动起来："你是詹雪呀！想起来了，想起来了。哎呀，你长大了，变漂亮了！女大十八变，你是八十变啊！"

是的，一说"詹雪"，我记忆的闸门一下打开了。

2007年1月快放寒假的时候——当时我到这学校当校长刚刚半年，我收到学生的一封信——

尊敬的李校长：

您好！

我是初二（9）班的语文科代表詹雪。这次给您写信，主要是代表所有的同学向您请求，请求您下学期开学后让邓万霜老师继续担任我们班的语文老师。

……

在信里，詹雪代表同学们表达了对邓万霜老师的爱，恳请我满足他们的愿望。

信的署名，除了"詹雪"，还有全班每一个孩子的签名。

这封信让我很感动，我还在全校教师大会上讲了这件事，我说："什么叫好老师？被孩子依恋的老师就是好老师！虽然我还没见到邓老师，因为她还在家休产假，但学生如此依恋她，邓老师就是好老师！"

没有想到，素未谋面的邓万霜老师竟然是以这样的方式进入我的视野的。

之所以说"还没见到邓老师"，是因为在我来这所学校做校长时，邓万霜老师已经回家生孩子休产假了，这也是学生信中所说的"特殊原因"。

第二学期开学第一天，我和邓老师一起走进了初二（9）班的教室。同学们用特别热烈的掌声欢迎邓老师，也欢迎我。我知道，孩子们是以这种方式感谢我把邓老师"还"给了他们。

近14年过去了，当年那个小姑娘詹雪，现在已经是一位中学英语教师了。

可她说的我曾经给她写过信，我却怎么也记不起来了。

讲座结束，我回到家，已经快十点了。詹雪在微信上给我发了一个截图，正是我当年给她写的信。原来，她一回家便开始找这封信。

我根据日期，也在我的电脑硬盘存的文件中，检索当年的工作日记。果然，在2008年5月23日的日记中看到了这封信——

詹雪同学：

真的很抱歉，我今天才回复你。如果不是你昨天留的纸条，我还真不知什么时候能够回复你呢！不过，你的确要理解并原谅我，因为我实在是太忙了！校长的日常工作已经让我喘不过气来，最近我母亲患上癌症，我又是家中独子，你可以想象我是多么忙了！最近我常常通宵无法睡觉，白天还得强打精神来到学校，加上地震突发，我的工作又增加了许多。我说这些，你能够理解吗？

由于上面那些原因，因此，我无法全部看完你的文字。只是匆匆浏览了一些篇章。这里就我的感受简单说说。

我觉得你是有写作天赋的，文字细腻，对周围世界特别敏锐，你的情感也很丰富，书面语言的表达能力也有较好的基础。尤其让我感动的是你的写作热情。在初三繁忙的复习中，你居然能够坚持写作。这种毅力本身就很让人敬佩。当然，也许对你来说，不过就是真情实感的表达而已。

我本来想给你推荐出去发表或者出版，但看了之后，我觉得还稚嫩了一些。主要有这样一些可以改进的地方：第一，你的感情很丰富，但文字的思想含量还不足。记得那次我给你说过，文字有三重境界：一是生动形象；二是不但生动形象，而且充满真挚的感情；三是不但生动形象，充满感情，而且凝聚着思想，至少有作者的思考。你的文字基本上达到了第二重境界，但还应该朝第三重境界努力。第二，如果这些文字是写给自己看的，那么写什么都无所谓，但如果要与人分享，或者让更多人产生共鸣，则应该表达一种相对共同的精神元素。文艺理论中，有"小我"和"大我"之说，就是说，文字一旦成为公共的东西，它所蕴含的就不应该仅仅是纯粹个人的东西，而应该有一种普遍的价值。不然，作者个人的喜怒哀乐，关别人什么事呢？第三，文字还可以继续锤炼，你有些句子显得比较别扭，令人费解，比如"吹着梦寐的秋风睡一会儿"，在这里，"梦寐的秋风"是什么意思？"梦寐"就是睡觉的意思，"吹着睡觉的秋风睡一会儿"怎么理解？还有，你的文字中，错字还不少，比如"频繁"，你写成"濒繁"等。

我非常感谢你对我的信任，把你当作好朋友了，所以非常直率地说了这些不足。我说的不一定对，希望你能多多包涵！

另外，我还有一个建议，初三毕业后，你最好学会电脑，特别要学会打字，然后建一个自己的博客，以后你直接在博客里面写作，很快就会有许多读者的，那种感觉，和发表出版没有什么区别。

詹雪，你快毕业了，我和你接触虽然不多，但你的纯真、朴实、有教养，给我留下了非常好的印象。相信你能够在未来的日子里保持你的善良，保持你的童心。我会关注你的成长！

你的大朋友：李镇西
2008年5月23日

我为什么要给她写这封信呢？我往前翻日记，结果在2008年3月31日那天的日记中，看到这样的记录——

初三邓万霜班上一个叫詹雪的女生很久以前给我一叠她写的小说诗歌，要我给看看，可我一直没有时间看。今天中午，她来办公室找我，我和她聊了聊，我坦率地说我还没来得及看她的文字。但我跟她谈了谈写作，我说写作贵在真情实感，还要有思考。我给她推荐毕淑敏、席慕蓉、张晓风的文字，并当即从网上下载了这三位作家的散文给她。

"很久以前"，说明她给我的文字已经在我这里放了一段时间了，可我太忙，一直没有回复她。

我那时的确很忙。"5·12"大地震刚刚发生，学校虽然几乎没有人员伤亡（只有一个学生头部受了轻伤，是教室天花板的坠物所致），建筑也没有垮塌（只有许多裂痕），但作为校长，面对频繁的余震，还有已经被搅乱的教学秩序，有许多工作要做，那段时间我每天都睡在学校花园旁的车里。

但是，詹雪的"作品"一直在我心里压着。从我的角度看，和抗震救灾、恢复教学等其他工作相比，这个学生的文稿实在微乎其微；但在一个孩子心中，她鼓起勇气把作品给校长看，这是对我多大的信任，交给我后，她一定天天都在盼着我的回信呢！

我给她的回信，就是在这样的背景下写的。

说实话，当校长期间，我给学生们、老师们写了很多这样的信。这是我的常规工作之一。

万万没想到，詹雪居然还珍藏着这封信！

我太感动了！

我再次想到，作为成人的教育者，一定要经常把自己当作儿童去理解体验孩子的心。在我们看来微不足道的小事，在孩子看来可能就是天大的事。

我再次想到了陶行知先生当年对老师的忠告——

您不可轻视小孩子的情感！他给您一块糖吃，是有汽车大王捐助一万万元的慷慨。他做了一个纸鸢飞不上去，是有齐柏林飞船造不成功一样的踌躇。他失手打破了一个泥娃娃，是有一个寡妇死了独生子那么悲哀。他没有打着他所讨厌的人，便好像是罗斯福讨不着机会带兵去打德国一般的怄气。他受了您盛怒之下的鞭挞，连在梦里也觉得有法国革命模样的恐怖。他写字想得双圈没得着，仿佛是候选总统落了选一样的失意。他想您抱他一会儿而您偏去抱了别的孩子，好比是一个爱人被夺去一般的伤心。

可是，如果老师把孩子的小事当成大事，孩子会很感动，而且一直记住老师的好。

詹雪在微信上谈了当晚听了我故事的感受："今天听了李老师的课，真的受益匪浅，也第一次重新审视自己的职业，谢谢您！教书这几年，我一直在努力思考如何上好一堂课，从来没有像今天一样去思考教师这个职业。"

仅仅是一封信，让学生记住了她的校长；也仅仅是一封信，唤起了我美好的记忆。

只要用心做教育，我们会不经意地在学生心中撒下美丽的种子，说不准哪一天，这些种子会开成一朵花，突然灿烂于我们的眼前。

这一封信，沉睡了十几年，今晚不就开成了一朵鲜艳的花儿吗？

教育，就这么温馨，这么浪漫，这么迷人！

2020 年 11 月 18 日晚

我也曾经抄过别人的书

看见朋友高进儒老师在微信朋友圈里写他的抄书经历，我不禁想到了我也从事过同样的"勾当"。想起来，最早抄的文字，是我母亲写的。那时候是二年级还是三年级，我记不清了，记得清的是当时刚学写作文。"文化大革命"期间，写的多半是"大批判"和"忆苦思甜"的文章。这些成人文字我显然力不从心，于是，当小学老师的妈妈成了我的"秘书"，她大段大段地帮我写，我就抄。所以我的作文在班上常常被老师表扬。不过，抄着抄着，我的作文水平的确渐渐提高了。随着年龄的增长——其实也还是小学生，我渐渐喜欢上了"成人读物"——《高玉宝》《红岩》《欧阳海之歌》……当时这些都是"禁书"，很少有同龄人喜欢，可我读得十分痴迷，读到好的段落就抄下来。记得当时，我读金敬迈的《欧阳海之歌》，读到一段写火车奔驰的段落："轻快、高昂的排气声滚滚而来，急促有力，好像列车正唱着一支进行曲在飞奔。这震撼着山川田野的轰隆轰隆的声音，在他听来，仿佛是：社会主义，社会主义，社会主义，社会主义……"我拍案叫绝，赶紧抄下来。抄到结尾，欧阳海挺身而出冲向铁轨，冲向疾驰而来的列车，然后倒在血泊中时，我一边抄一边擦眼泪。

那时候，唯一能够读的诗，就是毛主席诗词。但我觉得够了，只要有毛主席诗词，其他的诗都是多余的。我一遍遍地读，一遍遍地抄，一遍遍地背："万木霜天红烂漫，天兵怒气冲霄汉。""赤橙黄绿青蓝紫，谁持彩练当空舞？""看万山红遍，层林尽染。漫江碧透，百舸争流。鹰击长空，鱼翔浅底，万类霜天竞自由。""西风烈，长空雁叫霜晨月。""天高云淡，望断南飞雁。""四海翻腾云水怒，五洲震荡风雷激。"……这些已经融入我血液的句子，当年是怎样激动了一颗少年的心？

同时，我还读《毛泽东选集》。现在的年轻人可能会觉得可笑吧，一个小学生居然读领袖选集，读得懂吗？当然读不懂，但也不是一点不懂，半懂不懂的吧！《星星之火，可以燎原》《南京政府向何处去》《敦促杜聿明等投降书》《别了，司徒雷登》……这些"雄文"，除了《星星之火，可以燎原》是抄的片段，其他几篇文章我都是全文抄过的。

再后来，到了"文化大革命"后期，出版有些松动了，我抄魏巍的《幸福的花为勇士而开》，抄贺敬之的《放歌集》，还有李瑛、徐刚等人的诗歌，都是整本整本地抄。

这些抄书，是一种模仿式的学习，就像初学书法者临帖。慢慢地，我的文字也有些贺敬之的味道了。作文一直在班上作为"范文"，有时候还被老师拿到邻班去读。高中最后一学期，老师还让我上台给同学们讲"怎样写诗"，讲了一个星期。高中毕业前夕，我"深情地"写了一首完全就是贺敬之风格的长诗《毕业之歌》。现在这些文字，虽然还保存着，但我实在是羞于再读了。然而，我不后悔少年时的这些抄写。正是因为这些抄写，我

感 动

学会（先是"模仿"）了遣词造句。有的句式，有的气韵，已经融入了我的心灵深处。比如，直到现在我的文字或隐或显有着毛泽东的烙印。"成千成万的革命先烈，为着人民的利益，在我们的前头英勇地牺牲了，让我们高举起他们的旗帜，踏着他们的血迹前进吧！"这样的悲壮，这样的豪迈，不是现在还在我的文章中出现吗？"它是站在海岸遥望海中已经看得见桅杆尖头了的一只航船，它是立于高山之巅远看东方已见光芒四射喷薄欲出的一轮朝日，它是躁动于母腹中的快要成熟了的一个婴儿。"这样的一唱三叹，这样的气势磅礴，不是在我的文字中也"似曾相识"吗？

在大学，我为了恶补古典文学和外国文学——这些内容在脑海中基本上是空白，我又开始抄《诗经》，抄李白，抄杜甫，抄雨果，抄歌德……

当时《十月》杂志发表了署名"靳凡"的中篇小说《公开的情书》，这是以"爱情"的方式写"政治"，我和我的同学都被迷住了。我又开始抄书了——印象中，这是我最后一次抄文学作品。

后来参加工作，该书的单行本出版了，我特意买了一本。后来得知，原来这部小说的作者竟然是大名鼎鼎的金观涛、刘青峰夫妇。"靳凡"是他俩的笔名。

80年代，结合工作，我开始大量阅读哲学、教育学著作，又开始了抄写，不过已经不是整本书抄而是抄章节、抄片段：恩格斯的《反杜林论》、萨特的《存在与虚无》、苏霍姆林斯基的《给教师的一百条建议》……这种抄写，断断续续一直持续到电脑和网络的出现。

我要特别说明的是,我这些抄书,都仅限于学习,我从来也没有将金敬迈、魏巍甚至毛泽东的文字当作自己的文字拿去投稿,也没有把贺敬之、徐刚、李瑛的诗当作自己的诗拿去发表。模仿是有的,那只是构思、句式、气势的模仿,绝不可能原封不动整段整段地"引进",化为己有。我初学写作时,对别人文章以及中外名著的抄写,毫无疑问提高了我的写作能力,尤其是遣词造句和谋篇布局的能力,我所抄过的一些理论著作,也为我的文章注入了思想养料和逻辑力量,再加上后来我有比较丰富的实践,于是我才能写出并出版了80多本虽然并不怎么样,但至少记录着我真情实感的小书:《爱心与教育》《走进心灵》《做最好的家长》《做最好的班主任》《幸福比优秀更重要》……所以我认为,如果从写作技巧的角度说,我这80多本书,都是"抄"来的。后来,我的文字和书也被人抄,但这是令我感动的抄写。1998年《爱心与教育》出版后,我到全国各地讲学,常常遇到许多老师跟我说,他们含着眼泪抄我的《爱心与教育》,还有的老师抄《走进心灵》《做最好的老师》等拙作。在内蒙古,在江苏,在重庆……我都遇到过这样让我感动的老师。

最近一次得知我的书被人抄,是去广元市范家小学,见了张平原校长,我送给他一本新版的《爱心与教育》。他说:"20多年前,我手抄您的《爱心与教育》,常常抄到半夜……"

但有一种"抄",就让我不舒服了——严格说起来,这些让我不舒服的不是"抄",而是"抄袭"。如我前面所说的,无论是我抄书,还是老师们抄我的书,都是基于学习的抄录,而不是基于剽窃的抄袭。有时候我读报刊上的一些文章，或者读一些老师（有的还是名师甚至特级教师、教育专家）的著作，读着读着就眼熟：这不是我的文章吗？最近几年，也不时有网友对我提出"批评"，说我哪本书或哪篇文章里的话，是"抄袭"谁谁谁的。其实，是他们说的那个"谁谁谁"抄袭我的书。这种抄袭，很多时候相当精准，简直是"一丝不苟"地抄袭；有时候，则有所加工，将我书中的段落，切成几节，然后在其文中这里"镶嵌"几句，那里"点缀"几句，如此"编织"，几乎浑然天成——用现在的话说，叫"洗稿"。曾经有一个书商，把我的好几本著作拿去"切割"，然后出了一本书，叫作《向李镇西学什么》。全文都是我的话，唯一改动的是人称，比如我的书中写道："我认为……""我不同意这种观点……"在这本书中，全改成了"李镇西老师认为……""李镇西不同意这种观点……"

我偶然发现这本书，与作者联系，希望对方道歉，结果对方居然还跟我"雄辩"，我一怒之下打官司，结果当然是毫无悬念地胜诉，得到一笔不多的赔偿。说实话，那些抄袭者将我的文章作为他们著作中的一部分，我虽然不太高兴，但他们中的许多人都是我熟悉的，有的甚至还是我的朋友，我也不好说什么了，心想，算是"友情赞助"他吧！但是，我可以不计较，可抄袭者自己不能心安理得啊！不是自己的东西就不能要，更不能去偷，这是幼儿园小朋友都明白的道理。作为一名老师，我们都教育学生"要做一个诚实的好孩子"，可我们自己有时却不诚实，如果学生知道了，多不好。把别人的文字当作自己的文字发表，一旦读者知道了，最后损害的是自己的形象。就算别人都不知道，可自己的心能够平静吗？以前抄袭过我文章的老师和朋友，包括我不认识的读者，我希望以后不要继续抄袭了，这样我依然会视你们为我的好朋友的。

  因为人无完人，特别是在成长过程中，犯点小错误，也算是付出的代价。只是我希望这些朋友付出的这些代价，能够换来真正的成长。

2020 年 2 月 27 日